Kind und Wohnen

Kind und Wohnen

Vom Wohnungsgrundriß
bis zur Hausordnung:
Erfahrungen
aus der Praxis

Im Auftrag des
Deutschen Kinderschutzbundes
herausgegeben von
Christa Burghardt und Peter Kürner

Leske + Budrich, Opladen 1994

ISBN: 3-8100-1331-5

© 1994 by Leske + Budrich, Opladen

Satz: Leske + Budrich

Druck und Verarbeitung: Druck Partner Rübelmann, Hemsbach

Printed in Germany

Inhalt

III. Die gebaute Umwelt – Kinderzimmer und Wohnung

IV. Projekte für Kinder mit Kindern

V. Anhang

Vorwort

UNICEF, das Kinderhilfswerk der Vereinten Nationen, hat in seinem im Frühjahr vorgelegten Bericht „Fortschritt der Nationen 1994" gefordert, daß sowohl in Entwicklungs- wie in Industrieländern künftig nicht mehr die wirtschaftliche oder militärische Stärke, sondern das Wohlergehen der Kinder zum Maßstab der Entwicklung gemacht wird. Dadurch will man zu Bewertungszahlen der Zukunftssicherung auch in industrialisierten Gesellschaften gelangen. Nach diesem Bewertungsvorschlag des UNICEF-Berichts muß man zu der Feststellung gelangen, daß die Bundesrepublik Deutschland mit ihren Leistungen für Kinder und Familien am untersten Ende der Rangskala aller westlichen Industrieländer liegt. UNICEF stellt fest, daß das Wohlergehen von Kindern nicht vom Reichtum und dem Know-how abhängt, „sondern vom politischen Willen zum Aufbau einer kinderfreundlichen Welt."

In der Bundesrepublik werden die Leistungen der Familie notfalls mit erheblichem moralischen und gesellschaftlichen Druck eingefordert. Es gibt zwar eine Stiftung für das ungeborene Leben, aber die materielle Grundsicherung für die erste Zeit der Kindererziehung ist ungenügend, genauso wie eine leistungsgerechte Anrechnung von Rentenausfallzeiten für Eltern, die sich der Kinderbetreuung und Familienversorgungsarbeit widmen, fehlt. Aber es fehlt auch an einer bedarfs- und bedürfnisgerechten Versorgung mit Wohnraum für Familien. Wohnraum für Eltern und Kinder ist nicht nur in quantitativer, sondern auch in qualitativer Sicht unzureichend. So ist es nur konsequent, daß sich der Deutsche Kinderschutzbund seit seinem Bestehen für eine ausreichende Versorgung der Familien mit Wohnraum einsetzt.

Bereits 1954, damals unter den Auswirkungen kriegsbedingter Wohnraumzerstörungen, ist das Thema Wohnungsnot ein zentraler Schwerpunkt der Kinderschutzarbeit gewesen. Aus den späten 50er Jahren sind uns dramatische Berichte der Vorsitzenden des Hamburger Kinderschutzbundes, Elisabeth Flitner, überliefert, in denen sie der Hamburger Bürgerschaft und dem Senat der Hansestadt Hamburg die katastrophalen Zustände in Übergangswohnheimen und Notunterkünften schilderte. Mitte der 70er Jahre, nunmehr nach einer Zeit wirtschaftlicher Prosperität in der Bundesrepublik

Deutschland ist das Problem einer qualitativ und quantitativ unzumutbaren Wohnungsversorgung für Eltern und Kinder immer noch bittere Realität. In dieser Zeit gewinnt allerdings die Auseinandersetzung mit der Qualität des Wohnraums einen neuen Stellenwert. Es wird erstmals seit den Bauhausideen und dem reformierten Funktionalismus der 20er Jahre wieder nach Funktionalität mit humanen Wertmaßstäben im Wohnungsbau gefragt. Der Mehrgeschoßbau, die Spielraumplanung und die Bemessung der Raumgrößen gerät in die Kritik. Aus dieser Zeit datieren wohnbaupolitische Forderungen des Deutschen Kinderschutzbundes, die neben diesen qualitativen Aspekten die immer noch existierende Wohnraumnot thematisierte.

1991 verabschiedete der Bundesvorstand des Deutschen Kinderschutzbundes erneut eine Erklärung „DKSB-Standpunkte zur Wohnungsbaupolitik", die sich im Vergleich zu den Analysen und Situationsbeschreibungen früherer Jahr kaum von diesen unterscheidet.

Der familien- und kinderpolitische Skandal wird nicht nur durch die Problematik der aktuellen Wohnungsnot, sondern auch und vor allem durch die halbherzigen Bemühungen der letzten vierzig Jahre gekennzeichnet. In der Bundesrepublik gibt es ein Kontinuum des wohnungspolitischen Versagens und ein totales Defizit, in diesem wichtigen Bereich handelnd zu gestalten.

Symptomatisch für die Situation in Deutschland ist auch, daß die Chance einer Grundgesetzänderung, in der das für andere Staaten selbstverständliche Grundrecht auf Wohnen verankert wird, vergeben wurde.

Viele Fachverbände, Institute, Familienverbände, Siedlungswerke und andere Institutionen haben in den letzten Jahren in öffentlicher, politischer und fachlicher Diskussion versucht, auf die Mängel aufmerksam zu machen und haben Lösungsansätze vorgeschlagen.

Der Kinderschutzbund versteht es als eine seiner Aufgaben, die Diskussion um ein bedarfs- und bedürfnisgerechtes Wohnraumangebot für Familien mit Kindern voranzutreiben. Mit der Vorlage diese Buches versucht er erneut, den Blick für das Recht auf freie Entwicklung und Entfaltung des Kindes zu öffnen, für das die Qualität des Wohnens eine so eminent wichtige Bedeutung hat. Dabei haben die Autorinnen und Autoren darauf geachtet, daß ganz unterschiedliche Aspekte beleuchtet werden. Sie haben Themen und Probleme so abgehandelt, daß insbesondere Argumentationshilfen für die an den Fragen der Wohnraumversorgung Interessierten geliefert werden. Schließlich verbindet sich damit auch die Hoffnung, daß eine nicht hinzunehmende Realität im Interesse der Kinder und ihrer Familien verändert wird.

Peter Kürner
Heinz Hilgers

I. Wohnungspolitik – Kinder als vergessene Zielgruppe

Peter Kürner

Wohnungsnot und Verdrängungsprozesse – Facetten einer inszenierten Armutsentwicklung in Deutschland

Kindheit ist in erster Linie als kulturelle und gesellschaftliche Kategorie zu verstehen[1]. Aus diesem Grunde bestimmen auch die gesellschaftlichen Rahmenbedingungen die Qualität und Begrifflichkeit von Kindheit. Kindheit und Jugend wird in erheblichen Maßen von Lebensbedingungen einer Gesellschaft geprägt. Wohnen und „Freiräume" (im doppelten Sinne des Wortes) nehmen dabei eine herausragende Stellung für die Realität von Kindheit ein. Die Auseinandersetzung mit Wohn- und Lebensbedingungen von Kindern ist auch immer von der Auseinandersetzung mit Armut und Vernachlässigung mitbestimmt. Eine Erörterung von Möglichkeiten kindgerechten Wohnens ohne Berücksichtigung der ökonomischen und politischen Wirklichkeit gewinnt allenfalls akademisch-theoretische Diskussionsqualität.

An dieser Stelle sei für die weiteren Ausführungen darauf hingewiesen, daß bei der Verwendung des Begriffes „kindgerecht" in erster Linie selbstverständlich die anthropologischen und entwicklungspsychologischen Bedürfnisse von Kindern und Jugendlichen in den Vordergrund der Erörterungen gestellt werden. Gleichzeitig jedoch muß bedacht werden, wenn heute von „bedürfnisgerechtem" Wohnungs- oder Städtebau die Rede ist, daß dann im Regelfall die Bewohner nach verschiedenen sozialen Kategorien eingeteilt werden: alte Menschen, Kinder, Behinderte, Frauen, Ausländer, Alleinerziehende, Studenten usw. Für jede dieser einzelnen Gruppen finden sich entsprechende Programme und Richtlinien, und die Interessen jeder Gruppe werden institutionell repräsentiert: Frauenbeauftragte, Kinderschutzbund, Verband der alleinerziehenden Mütter und Väter, Graue Panther u.a. Es mag zutreffen, daß die einzelnen Interessen auf diese Weise politisch wirkungsvoller durchgesetzt werden können, und es trifft gewiß zu, daß es sehr spezifischer fachlicher Unterstützung für jede dieser Gruppen bedarf. Die getrennte Repräsentation der einzelnen sozialen Gruppen läßt allerdings kaum erkennen, wieviele Wünsche und Bedürfnisse der Betroffenen – einmal nicht isoliert betrachtet – sehr ähnlich sind und sich sogar wechselseitig ergänzen.

---

1 Postman, N.: Das Verschwinden der Kindheit, Frankfurt 1983

Aber schon ziemlich früh in der kontinuierlichen Entwicklung der nunmehr vorgelegten Arbeit wurde den Autorinnen und Autoren klar, daß sich die Bedürfnisse einzelner Interessengruppen schwerlich scharf gegeneinander abgrenzen lassen, ja in breiten Feldern der Bedürfnisse sogar deckungsgleich erscheinen. Und genauso wie es in der Gesellschaft nicht die isolierte Gruppe der Kinder oder anderer Gruppen gibt, sondern diese soziologischen oder demographischen Gruppen in ein vielschichtiges Beziehungsgeflecht eingebunden sind, genausowenig scheint es sinnvoll zu sein, von einer gesellschaftlichen Realität auszugehen, in der die Bedürfnisse einzelner Gruppen ohne Konzession auf die Existenz anderer, genauso gerechtfertigter Ansprüche zu realisieren wären.

Daß die Qualität von Städten und Wohnquartieren an der Fähigkeit ihrer Strukturen, unterschiedliche Lebensformen und Bedürfnisse zu integrieren, beurteilt werden kann, wird allgemein nicht bezweifelt. Tatsächlich wird jedoch für Spezialprogramme zur Förderung einzelner Gruppen gestritten, die dann, statt kommunikative Prozesse zu fördern, eher segregierend wirken. Typische Beispiele dafür sind Altenwohnheime oder Studentenwohnungen. Diese Programme gehen nicht nur von der Trennung der einzelnen sozialen Gruppen aus, sie behandeln auch die Bedürfnisse der einzelnen Menschen außerordentlich pauschal und ordnen diese entsprechend der Gruppenzugehörigkeit zu, so, als gäbe die altengerechte Wohnung oder das ideale Studentenzimmer.

Das heißt nicht, daß es nicht zweckmäßig sein kann, einzelne, sehr spezifische Wohnformen zu entwickeln – wenn die Tendenz zu sozialer Segregation in den Städten und innerhalb der Stadtteile auch beklagt wird –, so können die Probleme sozialer Gruppen doch ein Ausmaß annehmen, daß ihnen besondere Aufmerksamkeit zu schenken ist. Auch kann eine zwangsweise Integration unterschiedlicher Interessen auf engem Raum die Konflikte noch vergrößern. Ein vielleicht extrem anmutendes Beispiel mag dies verdeutlichen. In einigen westdeutschen Großstädten wird man neuerdings mit einer – im weitesten Sinne – Obdachlosigkeit von Kindern und Jugendlichen konfrontiert, deren Wohnprobleme in einem Maße komplex sind, daß es in der Tat sinnvoll erscheint, ihnen ein besonderes Programm zu widmen. Denn diese, von ihren Eltern gewissermaßen vernachlässigten, verstoßenen oder von zu Hause ausgerissenen Kinder kann man nicht einfach zurückschicken oder in einem Heim unterbringen. Fordert man für sie z.B. ein betreutes Kinderwohnhaus, so wird man allerdings sorgfältig überlegen müssen, an welchem Standort und in welcher Größe ein solches Projekt realisiert werden soll. Weder wird eine Integration dieser Kinder in einer ghettoartigen Situation gelingen, noch ist es ratsam, die Konfrontation mit einer unverständigen Nachbarschaft zu suchen.

Daher erscheint es uns nur als konsequent, daß unser Verständnis von „kindgerecht" nicht Überlegungen ausschließt, die im Zusammenhang mit

„familiengerecht", „behindertengerecht", „altengerecht" etc. angestellt werden, sondern wie all diese anderen zielgruppenspezifischen Sichtweisen sehr deutlich auf einen gemeinsamen Nenner hinweisen, nämlich auf eine Vorstellung von „humanem" Wohnen. Dies wird auch in einigen Abschnitten sehr deutlich werden, unter anderem dort, wo Familien oder Alte mit in die Sichtweise von Kinderinteressen einbezogen werden müssen. Da diese Arbeit aber nun einmal aus der Auseinandersetzung mit den Interessen, Bedürfnissen und Rechten von Kindern und Jugendlichen in der gesellschaftlichen Realität Deutschlands heraus entstanden ist, scheint es aus unserem politischen Selbstverständnis gerechtfertigt, im Zusammenhang mit dem Problemfeld „Wohnen" von „kindgerechten" Lösungen zu sprechen.

Die folgenden Ausführungen befassen sich schwerpunktmäßig mit der Armut und den sich daraus ergebenden Fehlentwicklungen bei Kindern. Es sollen keine Erwartungen dahingehend enttäuscht werden, daß sich das Interesse der folgenden Erörterungen und Überlegungen nur auf eine begrenzbare Gruppe Kinder oder Kinder und Jugendliche beschränken wird. Kinder und Jugendliche sind in unserer Gesellschaft nicht isoliert, jedenfalls noch nicht so stark isoliert, als daß sie losgelöst von anderen Beziehungsfaktoren betrachtet werden können. Kindheit manifestiert sich heute nicht nur in einer anthropologisch begründbaren Entwicklungsphase, sondern auch in ganz massiven Ausgrenzungs- und Isolierungstendenzen. Aus diesem Grunde werden die Lebensbedingungen von Gesellschaftsgruppen erörtert. Familien mit Kindern und Jugendlichen gehören zu den am ärgsten von Armut und Wohnungsnot betroffenen Gruppen.

Zum anderen darf vorweg gesagt werden, und dieses sollte deutlich in den Vordergrund von Diskussionen, Überlegungen und Handlungen gestellt werden, daß die Wohnungsmisere, die so viele Familien, Kinder und Jugendliche in Deutschland in ihrer Existenz belastet, nur eine Seite in der facettenreichen aktuellen Armutsproblematik ist.

Und eine dritte Vorbemerkung ist notwendig. Wenn in den folgenden Ausführungen die Situation und Probleme der neuen Bundesländer nicht gesondert ausgewiesen werden, so liegt das nicht daran, daß diese Problematik ignoriert wird. Der Grund ist vielmehr darin zu sehen, daß Armut und Wohnungsnot sowohl in den alten, wie auch in den neuen Bundesländern das gleiche Gesicht haben. So zynisch es auch klingen mag, hier ist der Einigungsprozeß am schnellsten gediehen. Mit Sicherheit kann angenommen werden, daß das hier verwendete Zahlenmaterial entsprechend nach oben zu korrigieren ist. Die Qualität der Probleme, das Menschenunwürdige von Armut und Wohnungsnot verändert sich dadurch nicht.

Wer heute über Lösungen der Wohnungsnot nachdenkt und wohlfeil neue Modelle der Wohnungsbauförderung verkauft oder mit guten Gestaltungsideen meint, dem Problem beizukommen, wird schnell feststellen müssen, daß Realität damit nur teilweise getroffen wird. Es gibt sicher viele wertvolle Vorschläge und bereits verwirklichte Maßnahmen zur Verbesserung der Wohnsituation von Familien mit Kindern. Diese verblassen jedoch angesichts der massiven aktuellen Probleme zu marginalen und zum Teil untauglichen Mitteln der Problembewältigung. Die Thematisierung von Wohnungspolitik kann heute also nur mit der Prämisse erfolgen, daß damit ein zentraler Punkt der Armutsproblematik berührt wird.

Wenn hier der Zusammenhang von Armut und Wohnsituation und deren Auswirkungen auf die Lebensbedingungen und Entwicklungschancen von Familien, Kindern und Jugendlichen aufgezeigt werden soll, dann haben die Erörterungen nicht jenen Teil der Bevölkerung im Auge, der von den Soziologen Elisabeth Beck-Gernsheim und Ulrich Beck beschrieben wird als Menschen, die sich zwischen Individualisierungsnotwendigkeiten und neuen Familienarrangements zerreiben[2], oder in einem aktuellen Papier des Deutschen Jugendinstitutes so skizziert werden:

„Familiengerechtes Wohnen mit Kindern hat neue Dimensionen erhalten:

- erstmals wachsen Kinder heran, denen ein großer Teil der alltäglichen Versorgung per Knopfdruck zur Verfügung steht ...
- Die Kinderzimmer dienen nicht nur den Rückzugsbedürfnissen der Kinder, der eigengestalteten Spielwelt, dem selbstkontrollierten Lernen; sie sind durch die elektronischen Medien (...), als Treffpunkt mit Freunden und im Zuge einer allgemeinen Individualisierung der Lebensführung (...) zu einem für das Kind zentralen Bereich geworden, dem notwendige Kontakte mit dem Rest der Familie (...) zugeordnet (untergeordnet) werden; das Kinderzimmer hat in vielen Familien den Charakter eines Hotelzimmers angenommen ...“[3].

Dies sind sicher auch Wohnprobleme, die erörtert werden können und müssen. Es soll jedoch die gesellschaftliche und individuelle Wirklichkeit ins Auge gefaßt werden, die zum Teil bereits ins Menschenunwürdige abgeglitten ist. Es sind jene Bevölkerungsgruppen, die unter anderem von Arbeitslosigkeit und insbesondere von Dauerarbeitslosigkeit betroffen sind, oder deren Hauptquellen zur Sicherung des Lebensunterhaltes Leistungen nach dem Bundessozialhilfegesetz sind.

Nach dem Armutsbericht des Caritas-Verbandes weist die Statistik für 1990 ca. 2,8 Millionen Sozialhilfeempfänger in den alten Bundesländern aus[4].

Aus Gründen mangelnder Information, aus Scham und falschem Stolz und auch aus Furcht vor demütigender und entwürdigender Behandlung auf den Ämtern nehmen viele Menschen ihren Rechtsanspruch auf Leistungen nach dem Bundessozialhilfegesetz nicht wahr. Diese Gruppe lebt in sogenannter „verdeckter Armut" und ist nach unterschiedlichen Schätzungen zwischen

2   Beck, U./Beck-Gernsheim, E.: Das ganz normale Chaos der Liebe, Frankfurt 1990
3   Weidacher, A.: Familiengerechtes Wohnen... Manuskript als DJI-Beitrag zur Fachtagung der Dt. Nationalkommission für das Internationale Jahr der Familie 1994, Seeheim-Jugenheim 12.-14.3.1993, S. 12
4   Hauser, R./Hübinger, W.: Arme unter uns - Ergebnisse und Konsequenzen der Caritas-Armutsuntersuchung, Deutscher Caritasverband (Hrsg.), Freiburg 1993

1,5 und 3 Millionen Anspruchsberechtigten anzunehmen. Der Caritas-Verband hat in seiner Untersuchung den Anteil der in verdeckter Armut lebenden Menschen auf 43% aller Hilfesuchenden in ihren Einrichtungen festgestellt, so daß eher eine Zahl von 3 Millionen dieser Menschen anzunehmen ist.

Eine dritte Gruppe, in der Sozialwissenschaft als Personen und Haushalte gekennzeichnet, die in „relativer Armut" leben, muß nach einer neueren Stichprobe mit ca. 10% der Gesamtbevölkerung[5], also mit nahezu 8 Millionen Menschen in Deutschland angenommen werden. Diese Gruppe wird nach einer Übereinkunft der Europäischen Gemeinschaft definiert als Menschen und Haushalte, die weniger als 50% des vergleichbaren Durchschnittseinkommens der Gesamtbevölkerung zur Verfügung haben.

Diese Gruppen fallen aus den gängigen Modellen zur Wohnmarkt- und Wohnwertverbesserung heraus.

Bezeichnend ist es, daß in der Bundesrepublik keine umfassende amtliche Armutsstatistik existiert: Armut wird totgeschwiegen, ignoriert oder bestenfalls geschönt.

Auch wenn dies bereits zur politischen Realität geworden ist, darf keine Gelegenheit versäumt werden, immer wieder darauf hinzuweisen, daß seit 1982 eine in der Geschichte der Bundesrepublik noch nie dagewesene Einkommens- und Vermögensumverteilung stattgefunden hat.

Die Zahl der Sozialhilfeempfänger in Deutschland hat sich innerhalb der letzten zehn Jahre verdoppelt. Gleichzeitig weist das statistische Landesamt Nordrhein-Westfalen in einer Pressemitteilung Anfang Mai 1993 darauf hin, daß die Zahl der Einkommensmillionäre von 1986 bis 1989 um knapp 17% zugenommen habe. Nach einer Studie des Bochumer Politologen Ernst-Ulrich Huster verfügen die oberen 10% der Einkommensbezieher über 50% des gesamten Vermögens in der Bundesrepublik, die untere Hälfte der Einkommensbezieher jedoch gerade über 2,5% des Gesamtvermögens[6].

Die Auswirkungen dieser Armut sind für viele Familien, Kinder und Jugendliche vielfältig und vor allem fatal.

SozialarbeiterInnen der öffentlichen und freien Wohlfahrtspflege berichten, daß sich Familien, deren Lebensunterhalt vorwiegend aus Mitteln des Bundessozialhilfegesetzes besteht, keine angemessene Ernährung sichern können. Nicht selten werden Fehl- und Unterernährung und ernährungsbedingte Entwicklungsstörungen bei Kindern in diesen Familien beobachtet. Nahezu die Hälfte aller Klienten der Caritas-Hilfeeinrichtungen sind nach den Ergebnissen der Armutsuntersuchung des Caritas-Verbandes massiv verschuldet.

---

5   Hanesch, W. u.a.: Armut in Deutschland – Der Armutsbericht des DGB und des Paritätischen Wohfahrtsverbands, Reinbek bei Hamburg 1994
6   Huster, E.-U.: Reichtum in Deutschland - Der diskrete Charme der sozialen Distanz, Frankfurt/New York 1993

Zu beobachten ist auch eine zunehmende soziale Desorientierung von Menschen und Familien mit der Folge von Familienverbandsauflösung, Gewaltproblemen, Delinquenz, massiver Vernachlässigung von Kindern bis zu den Extremfällen des Verhungerns. Eine Untersuchung im Regierungsbezirk Münster hat eine erschreckende Zunahme von Kinderarbeit zutage gefördert: fast jedes 5. Kind zwischen 12 und 14 Jahren geht einer regelmäßigen Erwerbsarbeit nach, viele davon regelmäßig bis zu 4 Stunden täglich[7].

100.000 Kinder und Jugendliche sind als Folge dieser Vernachlässigung fremduntergebracht, wachsen also in Heimen auf. Eine weitaus größere Anzahl von Kindern und Jugendlichen wachsen in diesen Lebensumständen mit emotionalen Langzeitschäden und mit eingeschränkten Bildungschancen auf. Diesen Kindern wird schlicht nicht nur die Kindheit und Jugend als Entwicklungsraum vorenthalten – diesen Kindern und Jugendlichen wird die Zukunft eingeengt und zugebaut.

Als Teufelskreis entwickelt sich der Zusammenhang zwischen Armut und aktueller Wohnungssituation.

Nicht uninteressant in diesem Zusammenhang ist der Hinweis auf die Problematik der Terminologie „Wohnungsmarkt". Diese Begrifflichkeit ist insofern verräterisch, als daß Marktwirtschaft nicht in der Lage ist, menschliche und soziale Grundbedürfnisse zu regeln. Aus diesem Grunde war es von den Müttern und Vätern dieser Republik nur konsequent, die Wohnungspolitik der 50er und 60er Jahre als regulierungsnotwendige Sozialpolitik zu begreifen. Andere Staaten haben dies über Grundrechte gelöst. Wenn also Wohnen als menschliches Grundbedürfnis den freien Kräften des Marktes preisgegeben wird, dann bedeutet dies die Aufgabe humaner Werteorientierung – der Mensch wird zur kalkulierten Ware.

Wichtig ist aber auch die Feststellung, daß die Wohnungspolitik in Deutschland eine Zäsur mit dem Rückzug aus dem sozialen Wohnungsbau und der Deregulationspolitik erlebt hat. Bereits 1987 haben der Deutsche Mieterbund, das evangelische Siedlungswerk und andere Fachverbände auf die bereits eingetretene und vehement drohende Wohnungsnot aufmerksam gemacht. Aber noch 1989 erklärte der damalige Wohnungsbauminister, daß die Wohnungslage in der Bundesrepublik Deutschland ausgezeichnet sei. Daß dies eine der dümmsten Fehleinschätzungen eines Wohnungspolitikers in Deutschland war, wissen heute zumindest die von Wohnungsnot betroffenen BürgerInnen dieses Landes.

Auch hier Zahlen zur Konkretisierung. 1978 sind noch 370.000 Wohnungen fertiggestellt worden, davon waren 135.000 Einheiten mit Mitteln der Wohnungsbauförderung erstellt. 1988 sind gerade noch 208.000 Wohnungen, davon 39.000 geförderte fertiggestellt worden.[8]

---

7   Ministerium für Arbeit, Gesundheit und Soziales des Landes NRW (Hrsg.): Kinderarbeit, Düsseldorf 1991
8   Hansen, P.: Ein Dach über'm Kopf, Kinderschutz aktuell 2/91, S. 12

Der Deutsche Städtetag hat kürzlich darauf hingewiesen, daß in der Bundesrepublik aktuell 2,5 Millionen Wohnungen fehlten, und jährlich 550.000 Einheiten gebaut werden müßten, um den Fehlbestand bis zum Jahr 2000 abzubauen.[9] Wenn die Prognosen des Institutes für Entwicklungsplanung und Strukturforschung in Hannover stimmen und tatsächlich in der Zeit von 1991 bis zum Jahr 2000 mit einem Zuwachs von 3 Millionen Haushalten allein in der westlichen Bundesrepublik gerechnet werden muß[10], dann reicht die vom Bundesbauministerium angekündigte Zahl von voraussichtlich jährlich 400.000 fertiggestellten Wohnungen in den 90er Jahren nicht aus, die Wohnungsnot auch nur in Teilbereichen abzubauen.

Wer sind nun die Betroffenen der Wohnungsnot? – Es sind in vielen Fällen Personengruppen, die in einer jüngst vom Paritätischen Bildungswerk vorgelegten Expertise zum Landessozialbericht Nordrhein-Westfalen so gekennzeichnet werden:

„Das Bild vom klassischen Wohnungslosen auf der Straße und die kinderreiche Multiproblemfamilie in der städtischen Notunterkunft charakterisieren nicht mehr zutreffend die Menschen, die von Wohnungsnot betroffen sind. Von der Wohnungsnot betroffen sind neben den „klassischen" Randgruppen inzwischen auch Alleinerziehende, Schwangere, Personen, die in Scheidung oder Trennung leben, junge Haushaltsgründer, Jugendliche, Behinderte, psychisch Kranke und anderen Gruppen."[11]

Das Emnid-Institut hat in einer Studie nachgewiesen, daß besonders Ausländer (zu 67%), Sozialhilfeempfänger (zu 53%), Alleinerziehende (zu 44%), jüngere Menschen (zu 43%) und Familien mit Kindern (zu 42%) zu den unerwünschten Mietern zählen.[12]

An dieser Stelle muß zur exakteren Problemerörterung differenziert werden zwischen Menschen, die in Wohnungsnot geraten und Menschen, die zum Wohnungsnotfall geworden sind.

Wohnungsnot wird nach einer Definition des Paritätischen Bildungswerkes gekennzeichnet von Merkmalen wie Armut, Unterversorgung, Benachteiligungen, Überlastung und reduzierten Handlungsspielraum der betroffenen Menschen.

Der Wohnungsnotfall bedeutet nach einer Begriffsregelung des Deutschen Städtetages im Regelfall unmittelbar bevorstehender Verlust von Wohnraum ohne Ersatzwohnraum aus eigener Initiative, oder Obdachlosigkeit mit

---

9   Hintzsche, B.: Grundsätze für ein Forderungspapier zum familiengerechten Wohnen und zum familiengerechten Wohnumfeld, Manuskript des Dt. Städtetages, Köln 1993
10 Kujath, H.J.: Quantitative und qualitative Aspekte des Familienwohnens, Manuskript des Institutes für Entwicklungsplanung und Strukturforschung als Beitrag zur Fachtagung der Dt. Nationalkommission für das Internationale Jahr der Familie 1994, Seeheim-Jugenheim 12.-14.3.1993
11 Paritätisches Bildungswerk NRW: Wohnungsnot und Obdachlosigkeit. Expertise zum Landessozialbericht, Ministerium für Arbeit, Gesundheit und Soziales des Landes NRW (Hrsg.), Düsseldorf 1993, S. 53
12 dass., S. 35

oder ohne Zuweisung in eine Notunterkunft und unzumutbare Wohnverhältnisse der Betroffenen.[13]
     Wie sehen nun die Folgen dieser Wohnungsnot aus?
     Zunächst muß festgestellt werden, daß aufgrund der aktuellen Wohnungs-
marktlage für Wohnungsnotfälle nach übereinstimmender Meinung der beteiligten Fachverbände keine Vermittlungschancen bestehen. Den betroffenen Menschen steht in den meisten Fällen eine jahrelange Obdachlosenkar-
riere mit allen menschenunwürdigen Begleiterscheinungen bevor.
     Auch dazu Zahlenmaterial, damit dieses Elend in seiner Dimension erfaß-
bar wird. Die Bundesarbeitsgemeinschaft Nichtseßhaftenhilfe schätzt die
Anzahl der Wohnungslosen, beziehungsweise obdachlosen Personen 1990
in den alten Bundesländern auf ca. 800.000[14]. Das Institut für Wohnen und
Umwelt in Darmstadt schließt sich in seinen Untersuchungen dieser Annahme an und geht von 800.000 Menschen in den alten Bundesländern aus,
schätzt die Zahl der Menschen, die auch nach Berücksichtigung des Wohn-
geldanspruches mit unzumutbar hoher Mietbelastung leben müssen auf ca.
900.000 Personen und die Anzahl der Menschen in unzumutbaren Wohnverhältnissen auf 800.000 bis 950.000[15]. Abgesehen davon, daß soziale Dienste
aus Großstädten wie Frankfurt, Köln und Berlin darüber berichten, daß zunehmend Kinder als Trebegänger aufgegriffen werden, muß bei vorsichtig-
ster Schätzung für die alten Bundesländer mit ca. 500.000 Kindern unter 14
Jahren als unmittelbar betroffene Wohnungsnotfälle gerechnet werden. Die
neuesten Zahlen des Caritas-Armutsberichtes und andere aktuelle Erfah-
rungswerte lassen allerdings die Annahme zu, daß die Zahl der tatsächlich
betroffenen Kinder und Jugendlichen in Deutschland eher höher liegt.
     Daß der Zusammenhang von Armut und Wohnungsnot nicht getrennt wer-
den kann, mag die Statistik der Städte Bielefeld und Duisburg aus den Jahren 1980/81 begreiflich machen, die 75% aller Obdachlosenfälle als Folge
von Mietschulden ausweist[16]. Daran hat sich in der Folgezeit kaum etwas
geändert, wie die gemeinsame Studie des Lindener Baukontors und Sozial-
ministeriums des Landes Niedersachsen 1988 belegt: Räumungsklagen nach
Mietschulden ist nach wie vor häufigster Grund zur Einweisung in Not-
unterkünfte.[17]
     Sind bisher einige Stücke der quantifizierbaren Seite der Armut und Woh-
nungsnot skizziert worden, so soll im folgenden auf die qualitativen Aspekte hingewiesen werden.
     Eine der bedrückendsten Entwicklungen im Zusammenhang mit der Woh-
nungslage ist die zunehmende Abgrenzung sozialer Gruppen und Wohnbe-

---

13 dass., S. 18
14 dass., S. 137ff
15 dass., S. 139ff
16 dass., S. 46
17 dass., S. 47

reiche. Während in Wohngebieten mit einkommensstarker Bevölkerung die Tendenz zu einem überdurchschnittlich hohen Standard der Wohnungsversorgung, also Wohnung, Wohnumfeld und Infrastruktur, anhält, nehmen die Defizite in städtebaulich unterentwickelten Gebieten an Umfang und Intensität zu. Es entstehen sogenannte „soziale Brennpunkte"; das sind Gebiete mit überdurchschnittlich einkommensschwacher und sozial benachteiligter Bevölkerung, deren Lebensbedingungen durch die unzureichenden Wohnverhältnisse zusätzlich erschwert werden. Zu den Hauptbetroffenen zählen Kinder und Jugendliche, deren Anteil an der Wohnbevölkerung solcher Gebiete erfahrungsgemäß 30 bis 40% ausmacht. Auf diese Entwicklung hat der Deutsche Kinderschutzbund 1991 in einer Grundsatzerklärung zur Wohnungspolitik ausführlich hingewiesen.

Der Zusammenhang von Wohnungsnot und Wohnnotfällen mit der Entwicklung von Slum- und Ghettovierteln wird durch die provisorischen Unterbringungsformen deutlich. Negative Auswirkungen für die Zielsetzung der Stadtentwicklung befürchtet der Deutsche Städtetag besonders durch den Problemdruck, der durch die Konzentration der Notunterbringungen entsteht und für Betroffene und das örtliche Umfeld neue Folgeprobleme schafft. Ganze Stadtteile werden dadurch stigmatisiert und von der allgemeinen Entwicklung und Versorgung abgeschnitten.[18]

Die Folgen sind deprimierend. Viele Viertel sind abgekoppelt von der Versorgung mit Kindergärten, Arztpraxen, Einkaufsmöglichkeiten, Schulen, Ämtern und ausreichenden öffentlichen Verkehrsverbindungen.

Abgesehen von der „Adresse", die von vornherein Kontaktmöglichkeiten blockiert, bedeutet es gerade für Kinder und Jugendliche eine Einengung ihrer Bewegungsfreiheit, der Kommunikationsmöglichkeiten und sozialen Beziehungen. Doch damit ist es nicht genug. Spielmöglichkeiten bestehen vielfach nur im Mini-Ghetto, dem zugewiesenen und abgegrenzten Spielplatz. Diese Kinder kennen im Regelfall keine Bücherei, kein Schwimmbad, keine Musik- oder Malschule. Vielerorts sichern nur noch soziale Dienste, insbesondere der Kirchen und anderer freier Träger die existentiellen Grundbedürfnisse. Nachbarschaft und kleine soziale Netze können sich nicht entwickeln. Dort, wo eigentlich dem Bewegungs- und Entwicklungsbedürfnis der Kinder Raum gegeben werden sollte, wird ihnen der Raum genommen.

Nach einer Untersuchung des Deutschen Jugendinstitutes stehen in den neuen Bundesländern 86% der Familien mit zwei Kindern kein oder nur ein Kinderzimmer zur Verfügung. Nach den Ergebnissen der gleichen Untersuchung müssen 33% aller Familien mit zwei und mehr Kindern mit lediglich 66 qm Wohnraum auskommen. Abgesehen davon, daß Familien mit Kindern in Deutschland die geringste Pro-Kopf-Wohnfläche zur Verfügung

---

18 Hintzsche, B.: a.a.O., S. 4

steht, weisen gerade diese Familien die höchste Wohnraumbelegungsquote auf. Das heißt konkret, je mehr Kinder in der Familie, desto kleiner der nutzbare Wohnraum und desto mehr Personen je Zimmer.[19]

Chronische Krankheitsbilder, hohe Infektionsanfälligkeit und Allergien als Folgen unzumutbarer Wohnverhältnisse bestimmen den Alltag dieser Haushalte. Nicht selten bestehen Einschränkungen für die Küchennutzung und damit für die Nahrungsversorgung in Notunterkünften und der Mangel an ausreichenden sanitären Einrichtungen läßt Betroffene oft verzweifeln. Viele ehren- und hauptamtliche MitarbeiterInnen des Deutschen Kinderschutzbundes und anderer Träger der freien und öffentlichen Wohlfahrtspflege müssen in diesen Stadtvierteln erst einmal Grundversorgungsarbeit leisten, wenn es gilt, diesen Kindern und ihren Familien zu helfen.

Der Traum vom eigenen Zimmer bleibt für viele dieser Menschen Illusion. Die Tatsache, daß Wohnen einem ungeregeltem Markt ausgeliefert ist, macht Familien, Kinder und Jugendliche zu Verschiebeeinheiten in einem unsozialen Monopoly.

Auch diese Menschen haben einen Anspruch auf Heimat und auf die Entwicklung einer Identität. Dieses Recht wird ihnen solange vorenthalten, solange Wohnen nicht als einklagbares Grundrecht in der Bundespolitik anerkannt wird.

---

19 Weidacher, A.: a.a.O., S. 5ff

Helmut Schlich

Kinder im Abseits – Wohnungsnot im Wohlstand

Die Wohnungsnot der 90er Jahre ist eine Not im Wohlstand. Die Mehrheit der Menschen zumindest in den westlichen Bundesländern ist noch angemessen, zum Teil gut versorgt. Gleichzeitig leidet eine ständig wachsende Minderheit unter den Folgen des Wohnungsmangels. Das sind in erster Linie die Wohnungssuchenden. Selbst Normalverdiener finden auf einem leergefegten Wohnungsmarkt häufig keine bezahlbare Wohnung mehr. Das gilt erst recht für Haushalte mit geringem Einkommen, die der „Markt" oft doppelt benachteiligt. Viele sind als Mieter unerwünscht, z.B. Familien mit Kindern, Alleinerziehende, bestimmte Ausländergruppen. Sie sind von den Folgen des Wohnungsmangels – Mietenexplosion, Verdrängungsdruck und Geschäftemacherei – am härtesten betroffen.

Immer mehr Menschen müssen in zu engen, oft menschenunwürdigen Wohnungen, in Notunterkünften und Behelfsquartieren hausen. Die Zahl der Obdachlosen nimmt in besorgniserregender Weise zu. Obdachlosigkeit ist keineswegs nur ein Schicksal, das auf die sog. Nichtseßhaften beschränkt ist. Sie kann jeden treffen, der seine Wohnung, z.B. wegen einer Kündigung oder wegen untragbarer Mietbelastungen, wegen Arbeitsplatzverlust oder nach dem Auseinanderbrechen einer Partnerschaft verliert, und dann nicht in der Lage ist, sich aus eigener Kraft am Markt zu versorgen.

Gerade dieses Nebeneinander von einer allgemein noch guten Versorgungslage und von krasser Not ergibt sozialen Sprengstoff, der den inneren Frieden der Bundesrepublik Deutschland gefährdet. Die Wohnungsnot ist eine der Ursachen für Politikverdrossenheit, Gewalt und politischen Extremismus.

Das scheinbare Paradox einer „Not im Wohlstand" ist auch eine der entscheidenden Ursachen dafür, daß die Wohnungspolitik viel zu spät und völlig unzureichend auf diese „neue" Wohnungsnot reagiert hat. Die dramatische Verschärfung des Wohnungsmangels zu Beginn der 90er Jahre ist natürlich zu einem erheblichen Teil auf die starke Zunahme der Bevölkerung, vor allem in Folge der Zuwanderung aus dem Osten, zurückzuführen. Es ist aber falsch und politisch verantwortungslos, hier die „Sündenböcke" zu suchen.

Wie oben bereits erwähnt, liegen die entscheidenden Gründe aber schon wesentlich früher. Mitte der 80er Jahre wurde aus einer konjunktur- und wachstumsbedingten Nachfrageschwäche am Wohnungsmarkt der falsche Schluß gezogen, Bedarf und Angebot seien ausgeglichen, die Versorgungsprobleme weitgehend gelöst. Aus einer statistischen Größe – jeder Bewohner der „alten" Bundesrepublik Deutschland nimmt im Durchschnitt 35 qm Wohnfläche in Anspruch – wurde die Aussage abgeleitet, die Wohnungsversorgung sei „nicht gut, nicht sehr gut, sondern ausgezeichnet" (so der damalige Bundeswohnungsbauminister).

Daß statistische Durchschnitte allenfalls die halbe Wahrheit sind, wurde ignoriert. Dahinter verbirgt sich eine extrem ungleiche Verteilung von Wohnraum. So entfielen laut Volks- und Wohnungszählung 1987 auf den Ein-Personen-Haushalt im selbstgenutzten Eigentum durchschnittlich 90 qm Wohnfläche, bei Familien mit 5 und mehr Personen in der Mietwohnung waren es dagegen nur 16 qm pro Kopf. Außerdem: Aus der Volks- und Wohnungszählung ergab sich, daß schon damals ein statistisches Wohnungsdefizit in der Größenordnung von etwa 700.000 Wohnungen bestand.

Die Fehleinschätzung der Versorgungslage hatte verhängnisvolle Folgen. Allen voran der Bund, aber auch die Länder zogen sich zeitweise weitgehend aus dem sozialen Wohnungsbau zurück. Die Wohnungspolitik, insbesondere die der Bundesregierung, ging davon aus, man könne die Wohnungsversorgung weitgehend der Privatinitiative und dem freien Markt überlassen und soziale Härten müßten in erster Linie über das Wohngeld aufgefangen werden. Begleitende Maßnahmen waren Lockerungen des Mieterschutzes, die Aufhebung der Wohnungsgemeinnützigkeit und eine Teilliberalisierung des Sozialwohnungsbestandes. Dies war im Ergebnis eine Politik der Verknappung und Verteuerung von Wohnraum. Die Politik setzte zugleich falsche Signale für die Investoren. Die Folge: Eine beispiellose Talfahrt des Wohnungsneubaus, der mit gut 200.000 neu errichteten Wohnungen im Jahr 1988 einen historischen Tiefstand erreichte.

Jahrelang wurden die entscheidenden Bedarfsfaktoren für den Wohnungsbau unterschätzt: Die demographisch bedingte Zunahme der Haushalte und das, was häufig als „Wohlstandsnachfrage" bezeichnet wird. Dahinter verbirgt sich zum einen die Tendenz, daß mit steigendem Realeinkommen pro Kopf mehr Wohnfläche „verbraucht" wird. Zum andern die anhaltende Zunahme von Ein- und Zwei-Personen-Haushalten, die zwangsläufig mehr Wohnfläche beanspruchen als große Haushalte. Diese Entwicklung wird darin sichtbar, daß in der „alten" Bundesrepublik im langfristigen Durchschnitt Jahr für Jahr die Pro-Kopf-Wohnfläche um etwa einen halben Quadratmeter gestiegen ist. Allein daraus ergab sich ein rechnerischer „Wohnungsbedarf" von 400.000 Drei-Zimmer-Wohnungen zu 75 qm.

Seit der zweiten Hälfte der 80er Jahre blieb das jährliche Neubauangebot weit hinter dem Bedarf (seinerzeit etwa 400.000 Wohnungen jährlich) zurück, so daß die Lücke zwischen Nachfrage und Angebot ständig größer wurde. Ende 1993 fehlten in ganz Deutschland zwischen 2,5 und 3 Millionen Wohnungen. An Warnungen vor dieser Entwicklung hat es nicht gefehlt. Der Deutsche Mieterbund aber auch der Deutsche Städtetag haben frühzeitig darauf hingewiesen.

Auch im Osten Deutschlands gibt es Wohnungsnot, wenngleich mit anderen Ursachen. In der DDR war der Staat weder fähig noch in der Lage, den Anspruch zu verwirklichen, ein ausreichendes Wohnungsangebot bereitzustellen oder – wie es damals hieß – „die Wohnungsfrage zu lösen". Im Gegenteil: 40jährige Wohnungszwangswirtschaft und staatliche Reglementierung haben eine gewaltige Erblast hinterlassen. Die soziale Sicherheit, z.B. in Form sehr niedriger Mieten und umfassenden Mieterschutzes, die in der DDR zumindest im Grundsatz gewährleistet war, wurde mit einem hohen Preis erkauft: Dem Verfall des Wohnungsbestandes und einer quantitativ wie qualitativ ungenügenden Versorgung. Auf 450 Milliarden DM wird allein der Sanierungsbedarf geschätzt.

Der mit der deutschen Einheit verbundene Übergang auf die soziale Marktwirtschaft ist ohnehin mit einer radikalen Veränderung aller Lebensbedingungen verbunden, die viele Menschen zu überfordern droht. Dies gilt gerade für das Wohnen, wo die deutsche Einheit vor allem als Verlust an sozialer Sicherheit empfunden wird. Nach einer zweimaligen drastischen Mieterhöhung sind die Grenzen der finanziellen Belastbarkeit in den östlichen Bundesländern erreicht, zum Teil schon überschritten. Bei einem Teil des Wohnungsbestandes haben die Wohnkosten schon „Westniveau" erreicht, bei Ost-Standard und wesentlich niedrigeren Einkommen. Gleichwohl reichen die finanziellen Leistungen der Mieter nicht aus, um auch nur mittelfristig den Wohnungsbestand durchgreifend zu sanieren.

In der Wohnungspolitik steht die Bundesrepublik Deutschland heute vor der größten Herausforderung ihrer jüngeren Geschichte. Die in den letzten Jahren getroffenen wohnungspolitischen Maßnahmen zeigen zwar Wirkung: Die Neubautätigkeit hat sich spürbar erholt. 1992 entstanden in ganz Deutschland etwa 400.000 neue Wohnungen, 1993 waren es 455.000 (davon 23.000 in Ostdeutschland). 1994 könnte die Marke von 500.000 neuen Wohnungen überschritten werden. Mit solchen Fertigstellungszahlen wird gerade einmal der Bedarf des laufenden Jahres gedeckt, aber das bestehende Defizit noch nicht merklich abgebaut. Im übrigen droht ein Rückschlag für die Baukonjunktur, weil die wirtschaftliche Rezession, sinkende Realeinkommen, die Kürzung sozialer Leistungen und hohe Arbeitslosigkeit auch hier ihre Spuren hinterlassen. Wirtschaftsforscher befürchten ab 1995 wieder einen Rückgang der Neubauleistung, insbesondere dann, wenn der Bund – wie bisher noch geplant – die Mittel für den sozialen Wohnungsbau kürzt. Eine Überwindung der Wohnungsnot rückt dann in noch weitere Ferne.

Der Deutsche Mieterbund hält den Bau von etwa 600.000 Wohnungen jährlich notwendig, davon etwa 100.000 in den östlichen Bundesländern. Zu ähnlichen Bedarfsschätzungen kommen auch wissenschaftliche Forschungsinstitute. Nur so kann der laufende Wohnungsbedarf gedeckt und die Angebotslücke mittelfristig geschlossen werden. Mit den bisherigen Mitteln der Wohnungspolitik allein läßt sich das kaum erreichen. Sie ist immer noch durch Kurzatmigkeit und Halbherzigkeit gekennzeichnet. Nur mit einer gewaltigen politischen Kraftanstrengung kann die Wohnungsnot aber überwunden werden.

Deshalb hat der Deutsche Mieterbund auf dem Deutschen Mietertag 1993 in Potsdam zu einem „solidarischen Bündnis gegen die Wohnungsnot" aufgerufen. Dazu müsse das Einvernehmen und die Bereitschaft aller Beteiligten – Staat, Wohnungswirtschaft und Wohnungsnutzer – hergestellt werden, gemeinsam Lösungen zu finden. Vorrangige Aufgabe der Wohnungspolitik müsse es sein, die Schwächsten und Hilfsbedürftigsten zu entlasten. Die Schaffung von Wohnraum müsse als Gemeinschaftsaufgabe begriffen werden, wie dies auch nach dem Krieg der Fall war. Der Deutsche Mieterbund betont, daß in einer Wohlstandsgesellschaft auch die mit Wohnraum Versorgten eine Mitverantwortung für die Unversorgten, die Obdachlosen und Wohnungssuchenden haben. Die gewaltigen Kosten zur Beseitigung der Wohnungsnot in West und Ost müßten solidarisch aufgebracht, die Lasten gerecht auf viele Schultern verteilt werden, die sie tragen können.

Der Deutsche Mieterbund fordert deshalb grundlegende Änderungen im Bereich der Wohnungsbauförderung, des Mieterschutzes, der Wohnungsbestands- und der Baulandpolitik.

Zu den wichtigsten Vorschlägen gehörten:

1. Eine Umgestaltung der staatlichen Wohnungsbauförderung. Sie muß auf die Haushalte konzentriert werden, die sich ohne staatliche Hilfe nicht versorgen können. Die Förderung von „Luxuskonsum" oder reiner Vermögensbildung bei Beziehern hoher Einkommen muß ausgeschlossen sein. Sie muß vorrangig auf die Ausweitung des Wohnungsangebotes gerichtet sein, in den östlichen Bundesländern auf die Sanierung des Bestandes.

2. Sozialer Mietwohnungsbau muß eine Daueraufgabe für Bund, Länder und Gemeinden sein. Förderung und Mietpreise müssen der unterschiedlichen finanziellen Belastbarkeit Rechnung tragen. Das System der direkten (Objekt-) Förderung ist zwingend mit der Individualförderung durch Wohngeld zu verzahnen.

3. Neue Finanzierungsquellen für den Wohnungsbau sind zu erschließen, alte wiederzubeleben. Dazu gehört z.B. der genossenschaftliche Wohnungsbau, der in der Förderung dem Einzeleigentum gleichzustellen ist. Über einen steuerfreien Sozialpfandbrief könnten zinsgünstige Wohnungsbaumittel am Kapitalmarkt gewonnen werden.

Nicht nur besser verdienende Mieter im sozialen Wohnungsbau müssen in Form der Fehlbelegungsabgabe zu einem Solidarbeitrag für den Neubau von Sozialwohnungen herangezogen werden, sondern auch besser verdienende Selbstnutzer von Wohneigentum, die öffentliche Mittel und Steuervergünstigungen in Anspruch genommen haben. Notwendig ist auch eine gerechtere Besteuerung von Grund und Boden durch die Abschöpfung von Wertzuwächsen und eine zeitnähere Bewertung. Die Mehreinnahmen sind zweckgebunden für den Wohnungsbau bereitzustellen.

4. Ein verbessertes soziales Mietrecht muß Mieterverdrängung und Mißbrauch von Marktmacht eindämmen. Die Mietenexplosion ist wirksam zu dämpfen. Als Alternative zu einer „sozial blinden" Mietenexplosion über den Markt ist ein sozial regulierter Anstieg der Wohnkosten für Mieter wie für Eigentümer anzustreben. Er muß aber auf das sozial verträgliche Maß begrenzt sein und Rücksicht auf die unterschiedliche Belastbarkeit nehmen. Die Mehreinnahmen müssen für den Wohnungsbau zweckgebunden sein.

5. Der Wohnungsneubau muß bedarfsgerechter erfolgen; insbesondere sind genügend Kleinwohnungen für die stark angestiegene Zahl von 1- und 2-Personen-Haushalten bereitzustellen. Dies ist zugleich Voraussetzung dafür, daß Anreize zu einer sparsameren Nutzung des Wohnungsbestandes greifen. Dazu gehören gesetzliche, finanzielle und organisatorische Hilfen, die Wohnungstausch und Untervermietung erleichtern.

Christian Rüsch

Wohneigentumsförderung an den Familien vorbei?

Seit Jahrzehnten fördert der Staat in der Bundesrepublik den Erwerb selbstgenutzten Wohneigentums mit immer wieder veränderten Maßnahmen. Diese Förderung findet ihre Begründung, außer in wohnungsbaupolitischen Motiven, vor allem in familien- und vermögenspolitischen Zielsetzungen. Zum
einen sind die Entfaltungsmöglichkeiten von Familien in selbstgenutztem
Wohneigentum besser gewährleistet, zum anderen trägt diese krisenfeste
Form der Vermögensbildung zur breiteren Vermögensstreuung bei.

Neben direkten Formen der Subvention, welche im Rahmen des sogenannten Sozialen Wohnungsbaus gewährt werden, finden die zentralen In-
strumente, welche breiten Schichten der Bevölkerung zur Verfügung stehen,
ihren Niederschlag im Einkommensteuerrecht. Diese Maßnahmen sind sowohl aus familien- und vermögenspolitischer Sicht, aber auch aus steuersy-
stematischer Sicht als äußerst bedenklich zu beurteilen.

Seit 1987 findet die Förderung im wesentlichen mit Hilfe von drei Maßnahmen statt, die im Zeitablauf mehrfach ausgeweitet wurden. Zur Zeit sind
sie folgendermaßen ausgestaltet:

- Die Erträge selbstgenutzter Wohnungen, in Form des Nettomietwertes,
  sind seit 1987 von der Einkommensteuer befreit.
- In Abhängigkeit von der Höhe der Bausumme bzw. der Anschaffungsko-
  sten kann das zu versteuernde Einkommen über einen Zeitraum von acht
  Jahren um einen bestimmten Prozentsatz dieser Kosten (max. 330.000,–
  DM) gemindert werden (Sonderausgabenabzug nach §10e EStG). Handelt es sich um neu erstelltes Wohneigentum, wird dieser Abzug in den
  ersten drei Jahren darüber hinaus um einen Teil der gezahlten Schuldzin-
  sen (max. 12.000,– DM) erhöht.
- Als spezielle familienpolitische Maßnahmen wird in diesem achtjährigen
  Zeitraum die verbleibende Steuerschuld für jedes Kind um 1000,– DM
  zusätzlich vermindert § 34f EStG.

Das Deutsche Steuerrecht basiert auf dem Prinzip der progressiven Einkom-
mensbesteuerung, welches aus dem Kriterium der Besteuerung nach der
Leistungsfähigkeit abgeleitet wird. D.h. die Steuerpflichtigen sollen sich

entsprechend ihrer Leistungsfähigkeit an den Staatslasten beteiligen. Mit zunehmendem Einkommen ist diese steuerliche Leistungsfähigkeit in erhöhtem Maße gegeben. Deshalb wird mit Hilfe des progressiven Tarifs mit zunehmendem Einkommen die jeweils nächste Einkommenseinheit, bis zu einem Höchstsatz (z.Zt. 53%), höher besteuert als die vorhergehende Einkommenseinheit. Änderungen des zu versteuernden Einkommens und damit der zu zahlenden Steuer sind nur gerechtfertigt, wenn sie auf Gründen beruhen, die die steuerliche Leistungsfähigkeit berühren. Ganz allgemein ist dieses dann gegeben, wenn ein Steuerpflichtiger bei einer Einkunftsart Verluste erleidet und die Summe seiner sonstigen Einkünfte um diese Verluste vermindern kann.

Gerade das trifft aber auf das selbstgenutzte Wohneigentum nicht zu. Der Staat möchte eine Subvention gewähren. Diese hat nichts mit der steuerlichen Leistungsfähigkeit zu tun. Sie muß deshalb aus Gründen der Gleichheit für alle Empfänger in gleicher Höhe gewährt werden. Denkbar wäre allenfalls eine abnehmende Subvention mit zunehmendem Einkommen, da sich die Förderung im Bereich der Verteilungspolitik abspielt. Bei den eingesetzten Maßnahmen verhält es sich aber genau umgekehrt.

Die erste der drei erwähnten Maßnahmen dient dazu, die Vermögensanlage im selbstgenutzten Wohneigentum dadurch zu begünstigen, daß die Erträge dieses Vermögens von der Besteuerung ausgenommen werden. Die Steuerersparnis, die daraus resultiert, nimmt zum einen mit zunehmendem Einkommen zu. Zum anderen steigt sie mit der Höhe des im Wohneigentum investierten Vermögens bzw. dessen Mietwerten. Da nur die Nettomietwerte die steuerliche Leistungsfähigkeit tangieren, ist die Steuerersparnis darüber hinaus umso höher, je geringer die Wohneigentümer verschuldet sind. Begünstigt werden damit vor allem Altbesitzer, welche in weitgehend schuldenfreiem Wohneigentum wohnen. Erschwert wird der Neuerwerb, da in der Regel die Aufwendungen in den ersten Jahren die Erträge bei weitem übersteigen und nicht mit den sonstigen steuerlichen Einkünften verrechnet werden dürfen.

Aus diesem Grund werden die beiden anderen Subventionen gewährt. Sie sollen in den ersten Jahren nach dem Erwerb dazu beitragen, die hohen Anfangsbelastungen zu mildern. Die Wirkungen dieser Maßnahmen können nur im Verbund gesehen werden und führen vor allem beim Baukindergeld zu geradezu grotesken Ergebnissen. Die Subvention des Sonderausgabenabzugs nach §10e EStG knüpft ebenfalls, wie die oben beschriebene Maßnahme, am zu versteuernden Einkommen an und ist umso höher, je höher das zu versteuernde Einkommen ist. Dadurch werden vor allem Familien diskriminiert. Sie verfügen in der Regel über ein geringeres Einkommen da meistens ein Ehepartner nicht erwerbstätig ist und sich der Kindererziehung widmet. Die Subventionen der Sonderausgabenabzüge nach 10e EStG steigen für eine Familie im achtjährigen Vergünstigungszeitraum ohne Berück-

sichtigung des Baukindergeldes von 0,– bis auf ca. 90.000,– DM im achtjährigen Vergünstigungszeitraum.
Zusätzlich wird das sogenannte Baukindergeld von 1000,– DM gewährt.
Diese Subvention erscheint auf den ersten Blick unproblematisch, weil sie
scheinbar für alle gleich ist. Im Verbund mit den Sonderausgabenabzügen
zeigt sich jedoch, daß sich das Baukindergeld vor allem bei Familien mit
mehreren Kinder zu einer Subvention für Besserverdienende entwickelt hat.
Das kommt dadurch zustande, daß das Baukindergeld nur in Anspruch genommen werden kann, wenn nach Berücksichtigung der Sonderausgabenabzüge eine Steuerschuld verbleibt. Nur in diesem Umfang wird das Baukindergeld wirksam. Reicht diese Steuerschuld nicht aus, wird kein Baukindergeld, bzw. nicht in vollem Umfang, gewährt.

Graphik 1

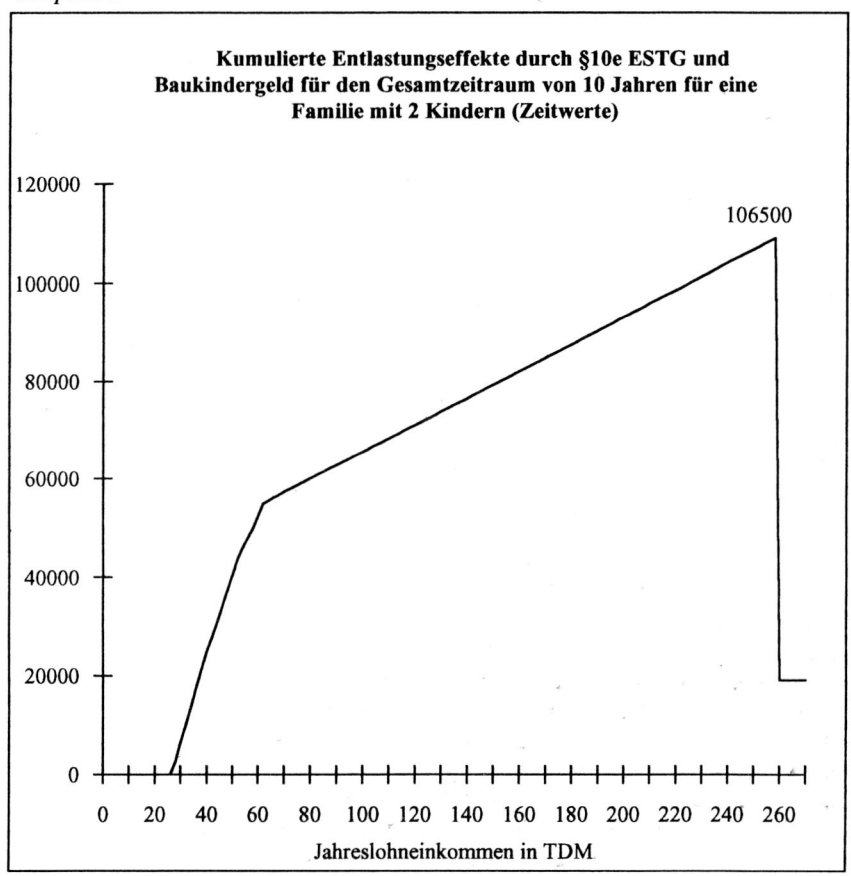

Graphik 2

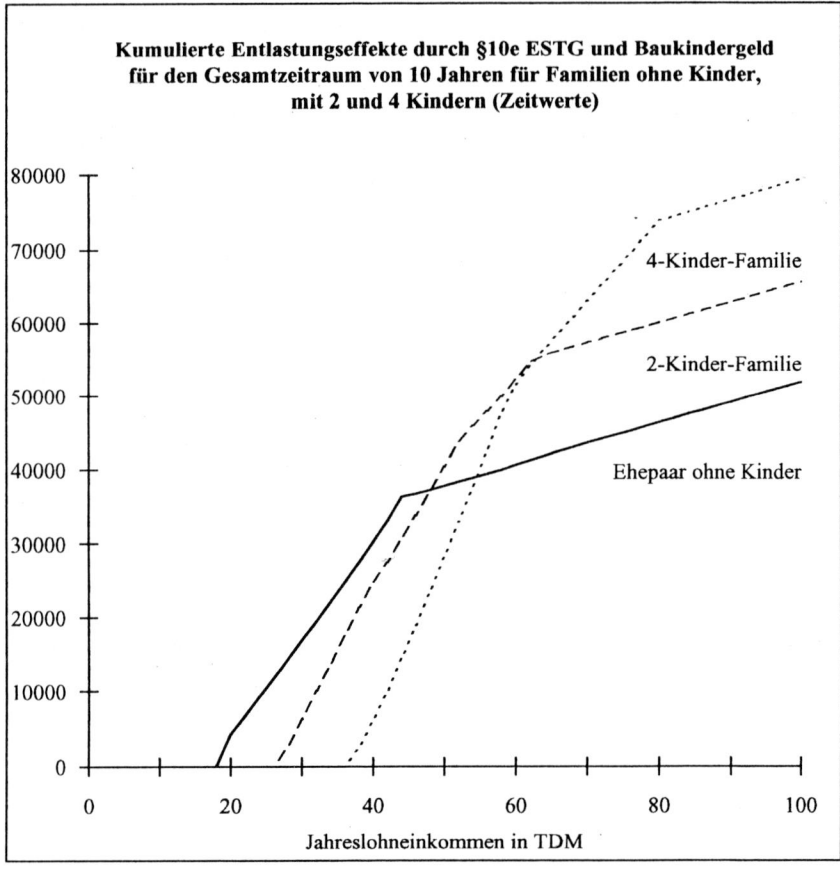

**Kumulierte Entlastungseffekte durch §10e ESTG und Baukindergeld
für den Gesamtzeitraum von 10 Jahren für Familien ohne Kinder,
mit 2 und 4 Kindern (Zeitwerte)**

4-Kinder-Familie

2-Kinder-Familie

Ehepaar ohne Kinder

Jahreslohneinkommen in TDM

In Graphik 1 sind die gesamten Subventionswerte für eine Familie mit zwei
Kindern dargestellt. Sie steigen bis auf einen Maximalbetrag von 106.000,–
DM im gesamten Vergünstigungszeitraum. Da es sich um eine verteilungs-
politisch motivierte Subvention handelt, widerspricht der Verlauf der Sub-
ventionsbegründung. Die Subvention diskriminiert aber Familien nicht nur
in Abhängigkeit vom Einkommen, sondern in unteren und mittleren Einkommensbereichen auch in Abhängigkeit von der Kinderzahl. Dieser Sachverhalt ist in Graphik 2 abgebildet. Sichtbar wird, daß Familien in den genannten Einkommensbereichen, trotz des zusätzlichen Baukindergeldanspruchs zum Teil geringere Subventionen erhalten, als Ehepaare ohne Kinder. Das hängt damit zusammen, daß sie aufgrund ihrer höheren Kinderzahl

ein geringeres zu versteuerndes Einkommen haben und damit eine geringere Progressionsstufe. Die Konsequenz daraus ist, daß die progressionsabhängige Grundförderung nach §10e EStG für sie entsprechend geringer ausfällt. Außerdem verbleibt für diese Familien nach Berücksichtigung der Sonderausgabenabzüge eine zu geringe bzw. keine Steuerschuld, um das Baukindergeld in Anspruch zu nehmen. Das bedeutet, daß ein Arbeitnehmer bei einer Familie mit zwei Kindern über ein Jahreseinkommen von ca. 64.000,– DM verfügen muß, um das Baukindergeld in vollem Umfang in Anspruch nehmen zu können. Damit ein Arbeitnehmer bei einer Familie mit drei Kindern für jedes Kind das volle Baukindergeld in Anspruch nehmen kann, muß er bereits über ein Einkommen von ca. 74.000,– DM verfügen (bei vier Kindern ca. 82.000,– DM. Die Höhe des wirksamen Baukindergeldes ist in Tabelle 1 in Abhängigkeit vom Einkommen unselbständig Beschäftigter wiedergegeben. Durch die problematische Ausgestaltung der Förderung kann es vorkommen, daß eine Familie, die Wohneigentum erworben hat und für bereits vorhandene Kinder Baukindergeld bezieht, durch die Geburt eines weiteren Kindes nicht nur für dieses Kind kein Baukindergeld erhält, sondern sogar einen Teil des Baukindergeldanspruchs für die übrigen Kinder verliert. Hierzu kommt es, wenn diese Familie aufgrund des zusätzlichen Kinderfreibetrages weniger Steuern zu zahlen hat. Dieser Sachverhalt ist in Graphik 3 abgebildet.

Zusammenfassend kann daher gesagt werden: Die Maßnahmen zur Förderung des Erwerbs selbstgenutzten Wohneigentums stellen einen Verstoß gegen den Gleichheitsgrundsatz dar, da die Subventionen mit steigendem Einkommen zunehmen. Dadurch werden aber gerade Familien benachteiligt, weil diese naturgemäß und durch andere gesetzliche Regelungen über ein geringeres zu versteuerndes Einkommen verfügen. Die Fördermaßnahmen können in der derzeitigen Ausgestaltung daher nicht als familienfreundlich bezeichnet werden. Außerdem befindet sich die Mehrheit der Familien in Einkommensbereichen, in denen die Diskriminierungen beim Baukindergeld zusätzlich auftreten. Eine familienorientierte Förderung des Erwerbs selbstgenutzten Wohneigentums darf nicht von der Höhe des Familieneinkommens abhängig gemacht werden. Wenn zwischen den Subventionen und dem Einkommen ein Zusammenhang hergestellt wird, so nur mit der Konsequenz, daß u.U. eine abnehmende Subvention mit zunehmendem Einkommen möglich ist. Gerade auch in Zeiten fiskalischer Knappheit ist es neben dem Verstoß gegen den Gleichheitsgrundsatz auch eine Verschwendung öffentlicher Mittel, wenn Familien in den oberen Einkommensgruppen derart hoch subventioniert werden, obwohl in diesen Einkommensbereichen im Regelfall kein Subventionsbedarf mehr besteht. Zielwirksamere Maßnahmen mit geringerer fiskalischer Belastung stehen zur Verfügung.

Graphik 3

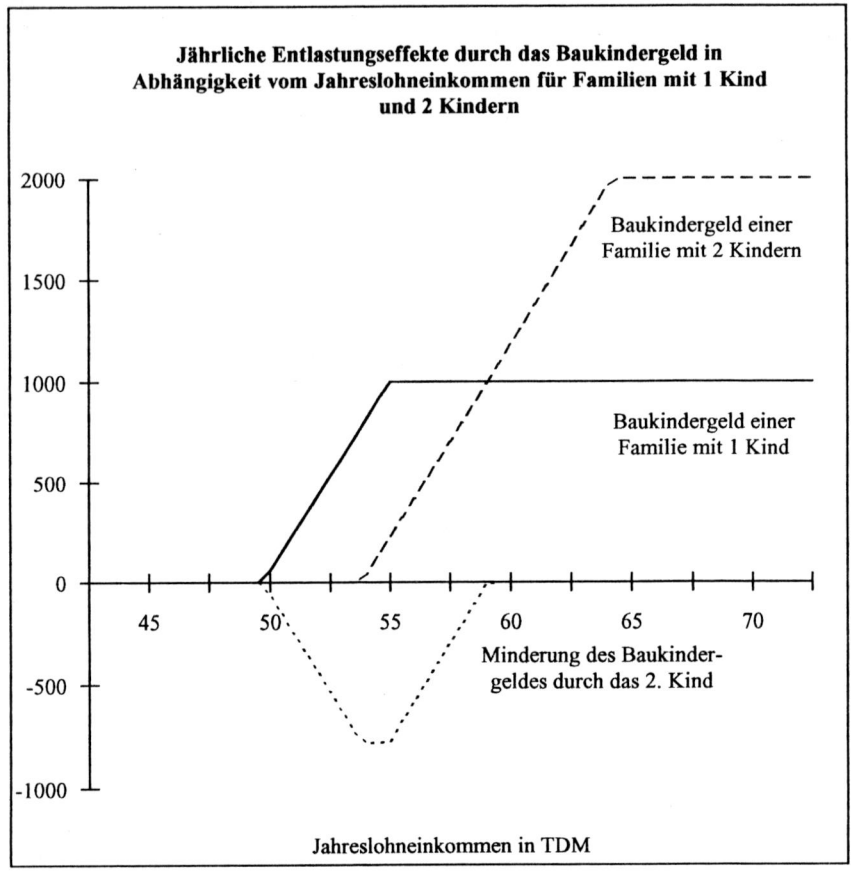

Jährliche Entlastungseffekte durch das Baukindergeld in Abhängigkeit vom Jahreslohneinkommen für Familien mit 1 Kind und 2 Kindern

Baukindergeld einer Familie mit 2 Kindern

Baukindergeld einer Familie mit 1 Kind

Minderung des Baukindergeldes durch das 2. Kind

Jahreslohneinkommen in TDM

Tabelle 1

Entlastungseffekte durch das Baukindergeld in Abhängigkeit vom Jahreslohneinkommen und von der Familiengröße					
Jahres-	Anzahl der Kinder				
einkommen	1	2	3	4	5
48.000	0	0	0	0	0
50.000	269	0	0	0	0
52.000	630	0	0	0	0
54.000	991	211	0	0	0
56.000	1.000	572	0	0	0
58.000	1.000	933	153	0	0
60.000	1.000	1.316	533	0	0
62.000	1.000	1.705	913	133	0
64.000	1.000	2.000	1.296	513	0
66.000	1.000	2.000	1.684	893	114
68.000	1.000	2.000	2.079	1.276	494
70.000	1.000	2.000	2.480	1.664	874
72.000	1.000	2.000	2.887	2.058	1.256
74.000	1.000	2.000	3.000	2.459	1.644
76.000	1.000	2.000	3.000	2.865	2.038
78.000	1.000	2.000	3.000	3.278	2.438
80.000	1.000	2.000	3.000	3.697	2.844
82.000	1.000	2.000	3.000	4.000	3.256
84.000	1.000	2.000	3.000	4.000	3.675
86.000	1.000	2.000	3.000	4.000	4.099
88.000	1.000	2.000	3.000	4.000	4.530
90.000	1.000	2.000	3.000	4.000	4.966
92.000	1.000	2.000	3.000	4.000	5.000

3. bis 8. Förderjahr. Gleichverteilung der Sonderausgabenabzüge nach § 10e EStG über den gesamten Förderzeitraum.

Bernhard Meyer

Leben in der Stadt – Die letzten Flächen für die Kinder

Es wird zwar immer wieder versucht, uns einzureden, daß es eine Stunde Null 1949 gegeben habe, nach der alle gleich dastanden, nämlich mit 40,– DM oder ein bißchen mehr. Trotzdem war auch zu diesem Zeitpunkt das gesamte Territorium der Bundesrepublik verteilt. Daran hat sich nichts geändert. Die Militärs hatten sich ein Gebiet in der Größe des Saarlandes angeeignet. Das wurde eingezäunt und war fortan exterritorial. Die vielen Privatgrundbesitzer waren es genauso wie vorher. Doch sie hatten unterschiedliche Interessen und Möglichkeiten. Die einen hatten auch noch Aktien, die nicht abgewertet wurden, sowie genügend Land, um über den Verkauf Kapital zu bekommen, und bauten auf. Die anderen saßen vor ihren Trümmern und wußten nicht wie es weitergehen sollte. Bauruinen und Baulücken zeigten diese Handlungsunmöglichkeit an.

Und auch die öffentliche Hand verfügte über Grund und Boden. Auf sie kam der gesamte Druck aller Ansprüche zu: zunächst einmal mußten Straßen gebaut werden. Dann stand die Infrastruktur wie Schulen, Kindergärten und Krankenhäuser an. Anschließend mußten wieder Straßen gebaut werden. In den 60er Jahren wuchs wieder der Druck für eine soziale Infrastruktur, also Freizeiteinrichtungen, Beratungsstellen, Kinderspielplätze. Und Straßen waren natürlich noch mehr nötig. So wie die Landschaft zersiedelt wurde, teilte man auch den Menschen auf in einen Arbeitsmenschen, einen Wohnmenschen und einen Freizeitmenschen, der für jede Anforderung andere Orte aufsuchen muß. Und das Heer der Zuteilungs- und Legitimationsschilder wuchs an: Privater Spielplatz. Kindergarten. Öffentlicher Spielplatz bis 12 Jahre. Grundschule. Abenteuerspielplatz. Erziehungsberatungsstelle. Jugendzentrum. Drogenberatungsstelle. Altstadttreff. Volkshochschule. Familienbildungsstätte. Bürgerhaus. Altenbegegnungsstätte. Seniorenwohnanlage. Pflegeheim. Jeder und jedes hat seinen Ort und die Straße ist nur noch scheinbar für alle da. Auch sie ist bereits aufgeteilt.

1. Neben der Verfügbarkeit über Räume wird zunehmend deren Erreichbarkeit zu einem zentralen Thema

Jeder Spezialort will erreicht sein. Und da sich die Einrichtung auch lohnen muß, wird der Einzugsbereich immer größer. Die Nutzung der Straßen als Fortbewegungs- und Verbindungsstrecke nimmt zu. Gleichzeitig führt die großräumige Trennung von Wohn- und Arbeitsstätten, die Entleerung der Innenstädte zu weiterem Nutzungsaufkommen. Und da der öffentliche Nahverkehr nicht ausgebaut ist, dem Individualverkehr Vorrang gegeben wurde, steigt die Nutzungsfrequenz durch Fahrzeuge. Es wird gefährlicher. Neben der Frage, was wird an einem Ort geboten, stellt sich gleichbedeutend die Frage: wie komme ich dahin? Kann ich mein Kind allein dahin lassen?

2. Straßen sind Transportbahnen geworden, die ihre Aufenthaltsqualität verloren haben.

Zwischen der Charakterisierung Rönnecks, daß „die Straße aneinandergereihte Hausvorplätze" seien, und der Einschätzung, daß „die Straße tatsächlich eine technische Fortbewegungsbahn oder Rollbahn darstelle", liegen höchstens 200 Jahre. Es ist dies gleichzeitig die Geschichte der Trennung von öffentlicher und privater Kommunikation.

Zwar war der Straßenraum öffentlich, doch wurde er, wie die Kennzeichnung „Hausvorplatz" deutlich macht, ergänzender Raum für private Interessen wie Hausarbeit, Spielen, Feiern, sich treffen. Die Straße war Privateigentum und Öffentlichkeit zugleich.

Heute fallen öffentliche Nutzung und private Verantwortlichkeit auseinander. Doch sind es nicht nur ökonomische Prozesse, die in Form von „Motorisierung und Automobilisierung" die Nutzung des Straßenraumes verändert haben. In einer von Konkurrenz geprägten Gesellschaft konkurrieren auch im öffentlichen Raum die Leistungsträger, die Erwerbstätigen, mit den scheinbar unproduktiven Kindern, den ausgeschiedenen Behinderten und Alten, den verleugneten Hausfrauen.

Und in diesem Konkurrenzkampf werden plötzlich die zugewiesenen Räume wie Kinderspielplätze zu Legitimationsorten, die es erlauben, Kinder an anderen Orten zu vertreiben.

Das Klischeebild des heranwachsenden Kindes, dessen Erkundungsradien ständig wachsen, ist nicht durch eine Realität gedeckt, in der zunächst sehr schnell eine Erweiterung stattfindet. Erwachsene übernehmen Transportfunktionen und erschließen auch entlegene Räume, die allerdings dann als Erfahrungsinseln isoliert und unverbunden bleiben. Sobald die Kinder eigenständig beginnen, ihre Wohnumwelt zu erschließen, weil sie physisch, psychisch und sozial dazu in der Lage sind, engt sich ihr Bewegungsradius dramatisch wieder ein. In welcher Weise die erneute Ausweitung erfolgt, ist

nicht zuletzt von der Einschätzung der Eltern hinsichtlich des Gefährdungs-
potentials abhängig. Dieser gesamte Vorgang ist nicht immer so gewesen,
sondern in seiner Verinselung und Diskontinuität Ausdruck einer durch uns
erzeugten Wirklichkeit.

Verlorengegangen sind Aufenthaltsflächen, so daß stehenbleibende, sich
aufhaltende Personen ein Hindernis darstellen, und damit zum Störfaktor
werden.

Verlorengegangen sind Aufenthaltserfahrungen, gemeint als Erfahrungs-
raum. Erfahrung vermittelt sich über die Sinne. Unterschiedliche, in der
Umgebung einmalige Erfahrungsmöglichkeiten haben der Straße ein unverwechselbares Profil gegeben, waren identitätsstiftend.

Verlorengegangen ist die Aufenthaltsperspektive, die den Blick und die
Aufmerksamkeit anders bündelt. Wer sich nur bewegt, kennt nicht mehr den
Blickwinkel derjenigen, die sich aufhalten.

Verlorengegangen ist eine Aufenthaltsqualität, die dem Einzelnen die
Chance läßt, Teil einer spezifischen Straßenwirklichkeit zu werden, die zu
ihm paßt.

Und dies zeigen auch 1992 Bebauungspläne. Für Fahrzeuge sind zwei
Vorgänge vorgesehen: 1. Die Bewegung von A nach B, das nennt man Fahren. Dafür die eigene Fahrbahn. Und 2. der Aufenthalt, genannt Parken. Dafür die eigenen Parkplätze.

Für Menschen ist nur ein Vorgang vorgesehen, nämlich die Bewegung
von A nach B, also Gehen. Dafür der 1,50 m breite Fußweg. Die Straße als
Aufenthaltsort bleibt unberücksichtigt.

Die gleichförmige Rastrierung und Orientierung in Fahrtrichtung betont
den Charakter der Straße als Transportbahn.

Das Moment der Identifikation, der sukzessiven Orientierung entfällt, da
die Straße als Ganzes sofort erfaßt ist. Es bleibt nur übrig, sie als Strecke zu
durchqueren.

Was für Erwachsene „Überblick" bedeutet, ist aber aus kindlicher Perspektive von 70-90 cm ein „endloser" Weg mit unabsehbarem Ende. Die
Unendlichkeit beginnt nach 10 Metern. Und wenn diese geschafft sind,
bleibt wiederum eine neue uniforme Unendlichkeit. Wen wundert es da,
wenn plötzlich ein plattgetretenes Kaugummi auf dem Pflaster interessant
wird?

3. Für Kinder, für Behinderte und alte Menschen findet hier eine Freiheitsberaubung ohne Urteil statt.

In einer Situation, in der Leistung und Konkurrenz absolute und zentrale
Kategorien sind, müssen Tätigkeiten ohne fremdbestimmte Leistungsnor-
men, müssen lustvolle Tätigkeiten als dysfunktional erscheinen. Insofern erhält Spiel das Etikett des Unwichtigen und nicht Ernstzunehmenden. Sprich-

worte wie „Erst die Arbeit, dann das Spiel" zeigen die Prioritäten auf. In-
haltliche und räumliche Ausgliederung des Kinderspiels aus der Alltagsrea-
lität, aus der Erwachsenenwelt kann gleichzeitig auch als Entwertungspro-
zeß begriffen werden.

Dabei geben Kinder selbst Hinweise auf ihre Bedürfnisse und ihre Bereitschaft, sich ihre Umwelt aktiv anzueignen. Spielplätze als Erfahrungsghet-
tos werden vor allem bei monofunktionaler Ausstattung kaum frequentiert.
Die Momentaufnahme einer Hamburger Untersuchung findet drei Viertel aller Kinder außerhalb von Wohnungen im Straßenraum vor. Bilder aus Ber-
lin-Kreuzberg zeigen, daß Kinder Papprohren aus dem Müll einer textilver-
arbeitenden Hinterhoffabrik zum Spielen benutzen, daß Baumaterialien zum
Bau eigener Häuser und Straßen genutzt werden. Aneignen bedeutet, etwas
herzustellen und sich nicht nur etwas herstellen zu lassen. Aneignen bedeutet, sinnliche Erfahrbarkeit und kreativer, selbstbestimmter Umgang.

Und so setzen sie sich z.B. an Durchgangsstellen der Erwachsenen und
nicht auf vorgesehene, abgelegene Plätze. Überall dort, wo sich Wege kreu-
zen, wo Ein- und Ausgänge sind, halten sich Kinder oft auf. Hier können sie
die verschiedensten Menschen beobachten, lernen Berufe kennen, identifi-
zieren unterschiedliche Kleidungen, sehen Nationalitäten und Altersgruppen
aller Art.

Sie selbst versuchen, sich ihren Platz in der Erwachsenenwelt zu erobern.
Und zwar dort, wo Alltagsleben stattfindet und nicht in zugewiesenen Re-
servaten. Zweckhaftes Durchqueren des Straßenraumes, zu Terminen, Ein-
käufen, Bushaltestellen, konkurriert mit dem scheinbar zweckfreien, also
angeblich minderwertigen Kinderverhalten, genannt Kinderspiel.

Doch diese Erinnerung geht schnell verloren. Erst mit dem Ausscheiden
aus dem Erwerbsprozeß steigen die Ansprüche an die Nachbarschaft und die
eigene Wohnumgebung gewinnt an Bedeutung. Nachbarschaft wächst jedoch erst mit der Zeit. Sie ist nicht selbstverständlich da, wenn man Wand
an Wand, Haus an Haus wohnt. Wie ein Mosaik setzt sie sich aus vielen
kleinen Bestandteilen zusammen, von denen keines für sich allein Nachbarschaft ausmacht. Erst die Vielzahl der Vorgänge gewinnen so viel Gewicht,
daß sie auch die tiefen Strukturen des Empfindens erreichen und zu einem
Nachbarschaftsgefühl werden. Es wächst eine positive Bilanz der Nachbar-
schaftsbeziehungen.

Mit zunehmendem Alter gewinnt die engere Wohnumgebung dann an Bedeutung. Was dem Menschen, der sich ständig an anderen Orten befindet,
kaum auffällt, wird bei stärkerer Fixierung auf einen begrenzten Straßenraum offensichtlich: Es gibt Abläufe, die wiederkehren. Das Leben der Straße hat ein Gesicht, das identifizierbar ist. Dazu gehören Vorgänge, die nicht
in einer Regelmäßigkeit wiederkehren, ebenso wie solche Ereignisse, die
zwar täglich, aber zu unregelmäßigen Zeiten stattfinden. In der täglichen
Wiederkehr vermitteln sich Stabilität und Sicherheit. Veränderungen voll-

ziehen sich nur partiell und vorübergehend. Die sich stabilisierenden Erscheinungsbilder, die Vertrautheit vermitteln, sind keineswegs Phänomene des älteren Menschen. Bereits in der Kindheit setzen sich Bilder des Stadtteils fest, die sich in Empfindungen widerspiegeln. Und im Alter erinnert man sich plötzlich wieder und stellt mit Erschrecken eine Veränderung fest, die man vorher nicht wahrhaben wollte.

Ort, die vertrauten Bilder wahrzunehmen, aber auch die Veränderungen zu registrieren, ist einerseits das Fenster zur Straße. Doch diese Beschränkung, diese Fernsehperspektive, ist eine andere Erlebnisqualität als das unmittelbare Erleben im Straßenraum. Insofern suchen alte Menschen immer wieder Orte auf, an denen sie Überblick haben, aber auch mitten drin sind.

Wer noch keine oder nicht mehr Termine hat, wer noch keine oder nicht mehr Funktionsräume aufsuchen muß, ist auf den nahen Wohnbereich angewiesen. Von Bevormundung sind die einen bedroht, von Entmündigung die anderen. Wer aber Straßen und Häuser plant, lebt dazwischen und hat ein anderes Verhältnis zur Straße. Und das hat Folgen.

Die Reduktion auf Verkehr-, auf Bewegungsfunktionen für Autofahrer, Radfahrer, Fußgänger vernachlässigt die Bedürfnisse von Kindern und alten Menschen. So wird ihnen unreflektiert die Grundlage für Aneignungs-, Entscheidungs- und Kommunikationsprozesse, die lebensentwickelnd und -erhaltend sind, entzogen. Wo der Straßenraum diese Qualität nicht ausweist, werden die einen immer weniger rausgelassen, die anderen trauen sich immer weniger vor die Tür. Eine Straße in lebensbedrohender Bewegung ist wie Freiheitsentzug – ohne Urteil. Ein latent lebensfeindlicher Straßenraum kennt keine Übergänge vom Privaten zum Öffentlichen und kennt keine Inseln der Ruhe und freien Gestaltung.

4. Fehlende Folgeabschätzungen von Planungen und die Dominanz normativer Lösungen lassen Erwerbstätige als Planer und Entscheider nicht merken, daß Lebensqualität verlorengeht.

Sogar aus der Verfolgung anderer positiv besetzter Ziele können sich in der Addition kinderunfreundliche Ergebnisse entwickeln.

Stufe 1
Planungsbehörde und Verkehrsbehörde
Eine verkehrsbelastete und unübersichtliche Straße soll im Sinne der Verbesserung des Straßenraumes vor allem für Kinder umgestaltet werden. Es wird eine Einbahnstraße ausgeschildert und auf einer Seite Parkplätze ausgewiesen. Am Ende wird die Fahrbahn verengt. Die Fußwegbreite beträgt auf beiden Seiten ca. 1,80 Meter.

Stufe 2
Ordnungsbehörde und Planungsbehörde

Das Dauerparken, aber auch das Anparken auf dem Fußweg sollen verhindert werden. Es werden dreißig Zentimeter vom Bordstein entfernt Parkuhren aufgestellt.

Stufe 3
Sozialbehörde, Ordnungsbehörde und Planungsbehörde
Zur besseren Erreichbarkeit der Innenstadt werden zwei Parkplätze als Behindertenparkplätze ausgewiesen. Ein entsprechendes blaues Verkehrsschild wird installiert. Fünfzig Zentimeter vom Bordstein entfernt.

Stufe 4
Planungsbehörde und Grünbehörde
Es wird ein Innenstadtbegrünungsprogramm ausgeschrieben. Investoren erhalten städtische Zuschüsse. So auch ein Gastwirt in dieser Straße, der an seine rustikal gestaltete Außenfassade viereckige Holzbehälter plaziert, um eine Begrünung der Außenfassade vorzunehmen. Tiefe der Behälter: 60 Zentimeter.

Ergebnis
Von 180 Zentimetern Gehwegbreite blieben an dieser Stelle noch 70 cm übrig. Ein Kinderwagen hat keine Chance: Sackgasse.
   Niemandem kann in diesem Prozeß unterstellt werden, etwas gegen Kinder zu unternehmen. Mit den sozialen und ökologischen Zielen sind sogar zusätzliche positive Zielansprachen vorhanden. Im Ergebnis wurde aber eine unfreundliche Situation geschaffen.
   Deutlich wird, daß zur Verbesserung der Situation im öffentlichen Raum nicht nur der (fach)politische Wille erforderlich ist, sondern auch die Umgangsweise eine wichtige Rolle spielt. Planung vollzieht sich im Überblick und wird von Nicht-Betroffenen ausgeführt. Singuläre Erfahrungen, sowie eigene Übertragung werden als Hilfskonstruktion benutzt. Hinzu kommt die Tatsache, daß Planende als Berufstätige keine vergleichbaren Nutzungsanforderungen an den öffentlichen Raum haben wie diejenigen, die den ganzen Tag im Wohnquartier verbringen. Außerdem ist jeglicher Planung die Veränderungsabsicht immanent. Bestandssicherung und erhaltende Planung erfordert besondere Sicherungen. Erforderlich ist also ein Perspektivenwechsel.

5. Erwachsene sind Opfer und Täter zugleich. Sie sind heute an Entwicklungen beteiligt, deren Folgen sie morgen in keinem persönlichen Zusammenhang sehen.

„Alle wollen zurück zur Natur, aber keiner zu Fuß". Dieser saloppe Satz kennzeichnet eine Differenz zwischen Einsicht und Verhalten. Alle erwachsenen Menschen waren mal Kinder, hatten oder haben jetzt gerade kleine

Kinder. Insofern haben sie auch nichts gegen Kinder. Wenn sie Ihnen als Autofahrer nicht gerade in die Quere kommen. Aber gegen das schlechte Gewissen gibt es eine Beruhigung: man hat ja den Kindern ihren eigenen Ort gegeben, an den sie verwiesen werden können. In der Wohnung ist es das Kinderzimmer, im Freien der Spielplatz. Eigene Räume für Kinder geben ihnen eine Bestandsgarantie, aber sie können auch unter Hinweis auf eben dieselben von anderen Orten vertrieben werden. „Geh' auf den Spielplatz", muß so nicht als freundliche Aufforderung, sondern als Drohung verstanden werden. Aus dem Angebot wird auf diese Weise ein Spielplatz-Ghetto. Und am besten soll dieser Spielplatz in der Nähe anderer Menschen sein, nicht neben dem eigenen Haus. Diese Zwiespältigkeit, diese Ambivalenz macht ziemliches Kopfzerbrechen. Niemand sieht sich objektiv als kinderfeindlich an, aber in der Überbetonung der eigenen Interessen, in der Verleugnung der eigenen Kindheit wirkt es objektiv so. Wenn aber später „die Jugend" so ist, wie sie ist, versteht man es nicht, will an diesem Ergebnis auch nicht beteiligt gewesen sein.

Ein Beispiel: Es wird die Trägheit der Jugendlichen beklagt, ihre Bequemlichkeit. Sie können noch nicht einmal die paar Schritte zum Bürgerhaus laufen. Vorher haben jedoch dieselben Eltern jahrelang ihr Kind mit dem Auto zum Kindergarten, manchmal sogar zur Schule gefahren, weil der Weg doch so gefährlich ist. Mit ihrem Auto liefern sie dabei wieder den Grund für andere Eltern es genauso zu machen. Und diese Eltern-Taxi-verwöhnten Kinder wachsen zu Jugendlichen heran, die auf ein Gewohnheitsrecht setzen, und kaum verstehen, warum sie denn jetzt öko-logisch und kinder-logisch denken sollen.

6. Erinnerungsarbeit und Sicherung vorhandener Spiel- und Erfahrungsräume stehen am Anfang einer Umkehr. Korrektur und Rückgewinnung verlorengegangener Erfahrungsräume sind mühsame nächste Schritte.

Wer nicht regelmäßig mit Kindern die Innenstadt frequentiert, wer nicht regelmäßig andere trifft, mit denen man sich unterhalten möchte, für den existiert nur abstrakt die Anforderung „Kommunikation". Also werden Sitzbänke um Bäume herum angebracht (im Schatten und außerdem wird auch der Baum geschützt). Daß dadurch die Sitzenden nach außen sehen und durch die Kreisanordnung allenfalls noch zwei Personen nebeneinander sich mit Verrenkungen sehen, existiert als Erfahrungswert nicht.

Diesen Perspektivenwechsel kann man sich nun selbst auferlegen. Aber auch das genügt nicht. In der Stellvertretung gehen immer Momente der Authentizität verloren. Perspektivenwechsel heißt also von Betroffenen lernen. Sich den Stadtteil aus ihrer Sicht zeigen lassen. Begreifen, was ihnen wichtig ist.

7. Wir brauchen nicht mehr Sicherheit, nicht mehr DIN, sondern mehr Selbstverständlichkeit. Perspektivenwechsel ist angesagt.

Man stelle sich folgende Pressemitteilung vor:
Es ist geschafft. In der ganzen Bundesrepublik ist der Straßenraum überall für den Fußgänger und für den Fußsteher und nur an einigen Stellen für das Auto zugänglich. Dazu wird durch Bäume, Poller und Bänke das Parken der Autos eingeschränkt. Verkehrsschilder mit Parkverbot gibt es nicht mehr. Die Trennung zwischen Fahrstraße und Gehweg ist aufgehoben. Ein abwechslungsreicher Straßenbelag mit Schachbrettmuster und anderen Figuren laden zum Spielen ein. Wo die Fußgänger die Straße überqueren, ist die Fahrbahn verengt, und Holperstellen veranlassen die Autofahrer zusätzlich, langsam zu fahren. Nicht nur Hindernisse, sondern auch Sitzbänke, Bäume und Klettergerüste geben Signale, die die Geschwindigkeit von Fahrzeugen auf Schrittempo drücken. Das Bundesverkehrsministerium hat zu dieser Entwicklung einen entscheidenden Beitrag geleistet, indem auf den Neubau von Autobahnen verzichtet wurde. Für jeden nicht gebauten Autobahnkilometer konnten für 30 Kilometer Wohnstraße ein Zuschuß von 33 Prozent der Kosten an die Kommunen gegeben werden.

Die Koalition Nicht-Erwerbstätiger oder Zu-Hause-Arbeitender, also der Kinder, der Frauen, der Kranken, der Behinderten, der Alten fordert deshalb:

–   Autobahnstandard in Wohngebietsstraßen

So wie für müde und in der Fahrtüchtigkeit eingeschränkte Autos es neben der Autobahn Standstreifen gibt, so wie es für Autofahrer Rastplätze in regelmäßigen Abständen gibt, so muß es auch in Wohnstraßen Rastplätze geben, so daß man stehen bleiben kann, ohne zum Störfaktor zu werden.

–   Fußsteher als Typus in der Verkehrsdebatte

Straße ist nicht nur eine Transportbahn, sondern auch ein Aufenthaltsort. Der Fußgänger suggeriert das Unterwegs sein. Dies ist aber nicht die Perspektive aller Menschen. Es gibt auch den stehenden, sich aufhaltenden Menschen im Straßenraum.

Kinder und Eltern fordern:

–   Den ganzen Stadtteil als Spielplatz

Die Zuteilung von Spielplätzen findet nur im wohnungsnahen Bereich für Kleinkinder statt. Diese sind auch besonders gegen das Betreten durch Hunde geschützt. Ansonsten gibt es viele Spielstationen mit Erfahrungsmöglichkeiten, die die Sinne ansprechen. Da gibt es was zum Fühlen mit den Händen und Füßen, was zu begreifen, was zum Hören, was zum Entdecken, Aufforderungen eine Rolle zu übernehmen, als Erwachsener, während Opa zum Kind wird, als Beobachter, der die Straße entdeckt. Man kann sich zukünftig durch den Stadtteil hindurchspielen. Und die Zwischenräume sind so gestaltet, daß sie keine uneinsichtigen Risiken aufweisen. Wir wollen nicht mehr Spielplätze, sondern wieder den ganzen Stadtteil als Lebensraum zurück.

– Mehr Spielraum für Spielraum

Die deutsche Sprache ist oft scheinbar doppeldeutig, entwickelt darüber aber auch vertiefenden Eigensinn. So meint Spielraum zum einen ein bestimmtes Territorium, das dann auch Spielplatz heißt, zum anderen heißt es auch Bewegungs- und Entscheidungsfreiheit zu haben. Spielraum im wahrsten Sinne des Wortes ist also ein Territorium, auf dem Menschen Bewegungs- und Entscheidungsfreiheit haben. Und da brauchen Kinder keine Reservate, keine Kinderschutzgebiete, sondern ihren Stadtteil als Lebensraum.

Geben Sie deshalb Flächen den Kindern zurück, damit sie sich durch ihr Wohngebiet hindurchspielen können, und geben Sie ihnen Entscheidungsfreiheit für die Nutzung zurück, damit Kinder die Stadt wieder als ihre Stadt begreifen können. Am einfachsten läßt sich dies zusammenfassen in der Forderung:

Mehr Spielraum für Spielraum in der Bundesrepublik!

Antje Flade

Verkehrssicherheit von Kindern

Wie groß das Unfallrisiko von Kindern ist, läßt sich aus den jährlich erscheinenden Unfallstatistiken ablesen: Im Jahr 1992 verunglückten in Deutschland insgesamt 53.097 unter 15jährige im Straßenverkehr. Um jedoch diese Zahl bewerten zu können, bedarf es eines Maßstabs. Sinnvoll ist es, zunächst einmal die Unfallzahlen vergleichbarer zu machen, denn in einem Land, in dem viele Kinder leben, verunglücken – absolut gesehen – auch mehr Kinder als in einem kleinen Land mit wenigen Einwohnern bzw. Kindern. Die Vergleichbarkeit läßt sich dadurch herstellen, daß man die Zahl der Kinderverkehrsunfälle in einem Land oder einer Stadt auf die Zahl der dort wohnenden Kinder bezieht. In Deutschland ergibt sich dabei 1992 eine Unfallrate von 405,3. Diese Zahl bedeutet: von jeweils 100.000 Einwohnern unter 15 Jahren verunglückten 405,3 Kinder oder anders formuliert: jedes zweihundertfünfzigste Kind in Deutschland wurde 1992 in einen Verkehrsunfall verwickelt.

Ähnlich hoch ist die Unfallrate von Kindern in Belgien und Österreich, niedrig ist sie dagegen in Dänemark und Schweden.

Feststeht, daß in Deutschland vergleichsweise viele Kinder bei Verkehrsunfällen verunglücken, daß diese Verkehrsunfälle sich meistens innerorts abspielen, daß sie sich auf den Schulwegen und Freizeitwegen der Kinder ereignen.

Unsere Städte bieten Kindern schon seit Jahren zu wenig Verkehrssicherheit. Die Folge davon ist, daß man jüngere Kinder nicht mehr allein gehen oder daß man sie erst gar nicht nach draußen läßt. Mit dem Eintritt in die Schule müssen sich solche elterlichen Restriktionen zwangsläufig lockern. Das hat zu Folge, daß die Unfallrate ansteigt. Im Vergleich zu früheren Jahren sinkt die Unfallrate nach der Einschulungsphase nicht wieder ab. Statt dessen nimmt sie sogar weiter zu. Heute sind die älteren Kinder, die mehr mit dem Rad als zu Fuß unterwegs sind, sogar noch gefährdeter als die Schulanfänger, wie aus der folgenden Graphik zu entnehmen ist (s. Abb. 1).

Eine Erklärung für die verstärkte Unfallbelastung der älteren Kinder ist: Mit zunehmender Motorisierung nimmt auch das Unfallrisiko von Kindern zu. Eltern reagieren auf die verringerte Verkehrssicherheit, indem sie ihre

Kinder stärker vor dem Autoverkehr schützen. Ihre schützende Gegenwart
bewirkt, daß die Unfallrate der Vorschulkinder und seit neuerer Zeit auch
der Schulanfänger im Vergleich zu derjenigen der älteren Kinder noch relativ niedrig ausfällt. Bei älteren Kindern, deren Lebensraum sich räumlich
weiter erstreckt, die längere Wege zurücklegen – überwiegend mit dem
Fahrrad –, läßt sich ein solcher permanenter elterlicher Schutz nicht mehr
realisieren. Auch Restriktionen stoßen hier schnell auf Grenzen.

Abbildung 1: Im Straßenverkehr in Deutschland 1992 verunglückte
                Kinder nach Altersgruppen und Verkehrsmittel

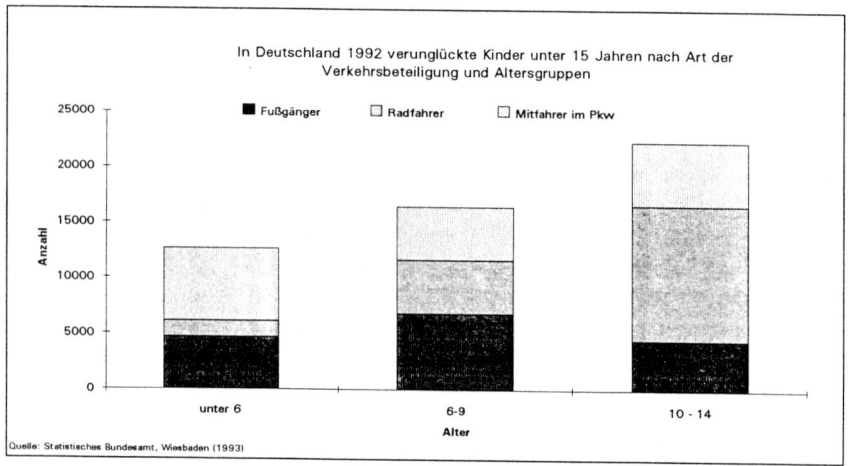

Gerade die älteren, unbegleiteten Kinder sind deshalb heute die „Seismogra-
phen", an denen sich die Gefährlichkeit des Autoverkehrs für Kinder direkt
ablesen läßt.

Die Analyse von Unfallarten zeigt, daß sich Kinderverkehrsunfälle auf
städtischen Hauptverkehrsstraßen häufen. Tempo 30 innerhalb von Wohngebieten ohne Einbeziehung der Hauptverkehrsstraßen reicht also heute
nicht mehr aus, sondern vor allem die hoch gefährlichen verkehrsreichen
Straßen in der Stadt müssen sicherer werden. Mit einzelnen punktuellen
Maßnahmen wird man die Verkehrssicherheit für Kinder nur unwesentlich
erhöhen können. Statt dessen werden neue kommunale Verkehrskonzepte
benötigt, die sich nicht mehr am stärksten, sondern am schwächsten Ver-
kehrsteilnehmer orientieren.

Antje Flade

Wohnen für Alleinerziehende

Alleinerziehende sind heute längst keine zahlenmäßig kleine und deshalb eher am Rande interessierende Gruppe. Aus der Bevölkerungsstatistik ist zu entnehmen, daß ca. 17% aller Familien mit Wohnsitz in den alten Bundesländern Ein-Eltern-Familien sind. 13% aller Familien sind „Kleinstfamilien", die aus einem Elternteil und einem Kind bestehen.

Heutzutage haben es zwar alle, die nicht zu den Spitzenverdienern gehören und die auf der Suche nach einer Wohnung sind, schwer, eine passende Wohnung zu finden; besonders schwer haben es jedoch die wohnungssuchenden Alleinerziehenden. Ihr Anteil an den wohnungssuchenden Haushalten übersteigt ihren Anteil an der Bevölkerung bei weitem. Dies sei an einem konkreten Beispiel veranschaulicht: Von der kommunalen Wohnungsvermittlungsstelle in Frankfurt wurden im Jahr 1989 2.353, ein Jahr später 2.524 wohnungssuchende Familien mit einem Kind gezählt, darunter 30% bzw. 29% Familien mit einem Elternteil. Gemessen an ihrem Bevölkerungsanteil sind die Ein-Eltern-Ein-Kind-Familien unter den Wohnungssuchenden also überproportional häufig anzutreffen. Frankfurt stellt dabei keine Ausnahme dar, sondern kann als exemplarisch gelten.

In den alten Bundesländern sind 85% der Alleinerziehenden Frauen. Der überwiegende Teil der Ein-Eltern-Familien sind demzufolge Mutter-Familien. Weil Frauen im Durchschnitt häufiger zu den einkommensschwächeren Bevölkerungsschichten gehören, sind sie auch häufiger berechtigt, eine Sozialwohnung zu beziehen. Es verwundert deshalb nicht, daß Frauen und insbesondere alleinerziehende Mütter oft in öffentlich geförderten Wohnungen leben.

Der überwiegende Teil der Alleinerziehenden (ca. 72%) hat nur ein Kind. Zahlenmäßig gesehen handelt es sich dabei um einen Zwei-Personen-Haushalt. Wie Sozialwohnungen für verschiedene Haushaltsgrößen aussehen, wird zum großen Teil durch die Wohnungsbaurichtlinien der Länder bestimmt. Sie legen fest, wie groß die Wohnung bei einer bestimmten Haushaltsgröße sein darf, wieviel Quadratmeter dem Wohnzimmer zuzuschlagen sind, wie groß die Küche zu sein hat usw.

Einen typischen Wohnungsgrundriß für einen Zwei-Personen-Haushalt zeigt die folgende Abbildung.

Abbildung 1: Grundriß für einen Zwei-Personen-Haushalt im öffentlich
geförderten Mietwohnungsbau

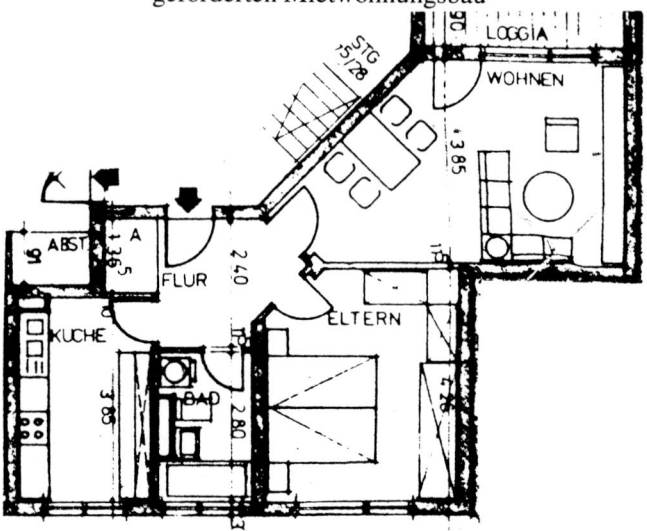

Quelle: Neue Heimat Südwest

Der Grundriß zeigt, daß man sich unter einem Zwei-Personen-Haushalt offensichtlich einen ganz bestimmten Haushaltstyp vorstellt, nämlich zwei
ehelich miteinander verbundene Erwachsene. Daß ein Zwei-Personen-Haushalt auch ein Elternteil mit einem Kind sein kann, – was im öffentlich geförderten Wohnungsbau nicht gerade selten vorkommt – scheint den Woh-
nungsplanern und -erbauern nicht klar zu sein. Diese Nichtberücksichtigung
wirkt sich auf Ein-Eltern-Ein-Kind-Familien ungünstig aus, wie unschwer
an dem dargestellten Grundriß zu erkennen ist.
    Eine Sozialwohnung für zwei Personen in Hessen, die heute gebaut wird,
ist, den Wohnungsbaurichtlinien des Landes entsprechend, zwischen 53 und
58 qm groß. Diese Wohnfläche muß für die Küche, das Bad, den Flur, das
Wohnzimmer und das Schlafzimmer reichen. Wie der in Abb. 1 dargestellte
Grundriß zeigt, sind die Räume in ihrer Funktion vollkommen festgelegt.
Den Wohnenden bleibt hier kaum Spielraum übrig.
    Wie gestaltet sich das Wohnen in einer solchen Wohnung für eine
Kleinstfamilie? Solange das Kind noch klein ist, schlafen Mutter und Kind
meistens beide in dem als Elternschlafzimmer ausgewiesenen Raum. Wenn
das Kind älter ist und eigene Privatheitsbedürfnisse entwickelt hat (vgl.
Antje Flade: Das Kinderzimmer), wird es schwieriger, weil die Privatheits-
bedürfnisse beider Familienmitglieder in der Wohnung nur erfüllt werden

können, wenn das Wohnzimmer zum Individualraum umfunktioniert wird. Die Küche ist, weil sie als ca. 6,5 qm Funktionsküche konzipiert ist, zu klein, um einige der Funktionen des Wohnzimmers miterfüllen zu können.

Daß der Wohnungsbau einseitig an der sog. „vollständigen" Vater/Mutter-Familie orientiert ist und deshalb unter einem Zwei-Personen-Haushalt automatisch ein Ehepaar-Haushalt verstanden wird, zeigt sich direkt an den Grundrißentwürfen. Für die Ein-Eltern-Ein-Kind-Familie ist jedoch eine solche Wohnung mit einem Wohn- und einem Elternschlafzimmer nicht geeignet.

Zwei Lösungen bieten sich an:

Eine Lösung ist, das traditionelle Elternschlafzimmer durch zwei mindestens 10 qm große Individualräume zu ersetzen oder einen mindestens 20 qm großen Raum einzuplanen, der so angelegt ist, daß er bei Bedarf geteilt werden kann, so daß jede Person bei Bedarf über einen eigenen Raum verfügen kann, wobei das gemeinsame Wohnzimmer als Gemeinschaftsraum erhalten bleibt.

Der in Abb. 2 dargestellte Wohnungstyp für einen Zwei-Personen-Haushalt ist in den Wohnungsbauförderungsrichtlinien nicht vorgesehen, nämlich eine Wohnung, in der eine erwachsene Person mit einem Kind lebt oder ein Ehepaar, das getrennte Schlafzimmer bevorzugt.

Abbildung 2: Grundriß für einen Zwei-Personen-Haushalt mit zwei Schlafzimmern

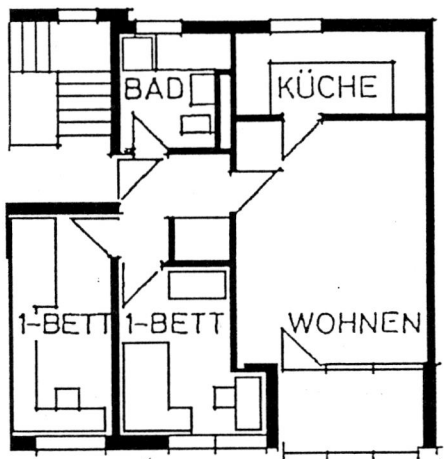

Quelle: Sommerfeld, D.: Noch immer Wohnungsneubau in der Stadt? Eine Baumaßnahme in Frankfurt am Main. Gemeinnütziges Wohnungswesen 1988, Heft 10

Die zweite Lösung ist, daß sich der Berechtigungsschein für eine Sozialwohnung nicht allein nach der Zahl der Personen im Haushalt, sondern auch
nach der sozialen Situation richtet. Konkret hieße das, daß sich die Woh-
nungsgröße bzw. die Zahl der Zimmer an der Zahl der Kinder orientieren
müßte. Eltern werden hier als eine Einheit gezählt, gleich ob es zwei Elternteile oder nur ein Elternteil ist. Einer Ein-Eltern-Familie müßte die gleiche
Zimmerzahl zugestanden werden wie einer Zwei-Eltern-Familie mit dersel-
ben Kinderzahl.

   Die beiden Lösungen schließen sich nicht aus. Die erste Lösung: das teilbare oder geteilte von ca. 14 qm auf 20 qm vergrößerte Elternschlafzimmer
sollte vor allem im Wohnungsneubau Verwendung finden. Es ist die kosten-
sparendere Lösung. Auf die zweite Strategie sollte vor allem bei den schon
gebauten Wohnungen zurückgegriffen werden.

Abbildung 3: Wohnanlage in der Bessunger Straße in Darmstadt

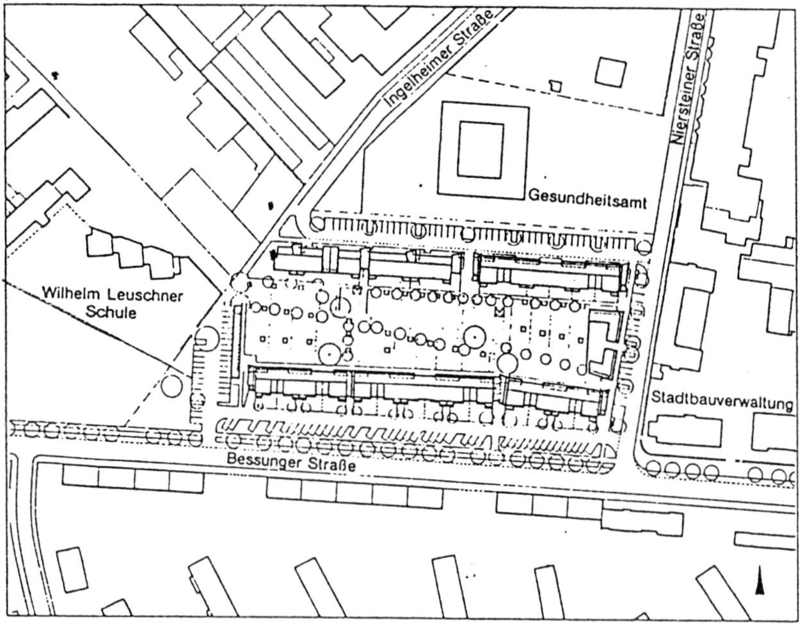

Quelle: Weiß, K.-D.: Treppen, aber was für welche! Bauwelt 1987, Heft 42

Zu jeder Wohnung gehört ein Umfeld, dessen Beschaffenheit die gesamte
Wohnqualität mitbestimmt. Für Haushalte mit Kindern gilt dies in verstärktem Maße. Die ersten Schritte, die Kinder eigenständig in die große, noch
weitgehend unbekannte Welt hinein machen, führen in den Wohnungsnah-

bereich hinein und später durch diesen hindurch. An der Erreichbarkeit und eigenständigen Nutzbarkeit des Wohnungsnahbereichs durch Kinder läßt sich ablesen, in wieweit hier die Entwicklung von Kindern gefördert wird. Für Kinder aus Kleinstfamilien ist der Wohnungsnahbereich noch um einiges wichtiger als für Kinder aus größeren Familien, in denen sich Erwartungen und Ansprüche nicht nur auf eine einzige Bezugsperson konzentrieren.

In Abb. 3 ist als positives Beispiel der Lageplan einer mit öffentlichen Mitteln geförderten Wohnanlage in der Bessunger Straße in Darmstadt abgebildet. Zwischen den beiden Häuserzeilen liegen Mietergärten und mehrere kleinere Kinderspielplätze. Darüber hinaus gibt es noch ein einfaches beheizbares Gebäude, das je nach Bedarf verschieden genutzt werden kann. Derzeit dient es als Kinderhaus.

Der Wohnungsnahbereich ist nicht nur für die Kommunikation mit den Nachbarn und als Betätigungsfeld für die Wohnenden wichtig, sondern hat auch eine entlastende Funktion; Entlastung insbesondere von der Aufgabe der Kinderbetreuung, die sich mit abnehmender Kinderzahl im Laufe der Zeit heute auf immer weniger Kinder erstreckt und die in Anbetracht des Ziels der Vereinbarkeit von Familie und Beruf neuer Formen bedarf. Weil Sozialwohnungen in ihrer Größe nicht gerade üppig bemessen sind, stößt eine arbeitsteilige, gemeinschaftlich organisierte Betreuung mehrerer Kinder innerhalb der Wohnungen schnell auf räumliche Grenzen. Erforderlich sind deshalb Räumlichkeiten im Wohnungsnahbereich, in denen Kinder gemeinschaftlich betreut werden können und wo sie zusammen spielen können. Diese Funktionen des Wohnungsnahbereichs haben bei Kindern und Müttern aus Kleinstfamilien ein ganz besonderes Gewicht.

Peter Wiewiorka

Wohnen mit Kindern in Notunterkünften

Auch in Notunterkünften leben Kinder. So werden manche Kinder in Turn-hallen, Übergangsheimen oder Obdachlosensiedlungen groß.

Ihre Eltern haben vielleicht die (Miet-)Wohnung durch Zwangsräumung verloren; manche Familien kommen aus anderen Ländern, um Schutz, Si-cherheit oder eine neue Heimat zu suchen. Allen gemeinsam ist selbstver-ständlich das Bedürfnis nach einem privaten Lebensraum, der zumindest ein Minimum an Geborgenheit und freier Entfaltung gestattet. Gemeinsam ist ihnen auch, daß sie sich ihre derzeitigen Unterkünfte nicht selbst ausgesucht haben.

In der Regel weisen kommunale Ämter oder Dienststellen den Wohnraum zu. Im Rahmen ihres gesetzlichen Auftrages, die öffentliche Sicherheit und Ordnung aufrecht zu erhalten, handeln diese städtischen Dienste nach so-zialpolitischen Vorgaben, die sich auf das momentan Machbare konzentrie-ren. Angesichts der akuten Wohnungsnot, die auch zusätzlich beengende Auswirkungen auf Obdachlosenunterkünfte und Übergangsheime hat, sind diese privaten Bedürfnisse zweitrangig.

In der Folge gibt es in einer Reihe von Städten keine Kriterien für die Be-legung von zugewiesenem Wohnraum, das heißt, keinen festgeschriebenen Standard über das, was Menschen in Not als privater Lebensraum zugebil-ligt werden kann und soll: Die Betroffenen müssen mit dem Vorlieb neh-men, was ihnen geboten wird. Nicht selten leben – insbesondere in Notun-terkünften von AsylbewerberInnen – ganze Familien in einem einzigen Zimmer und teilen sich Gemeinschaftsküche und -toilette mit anderen Fa-milien. Doch selbst gemeinsame Badezimmer oder Duschen sind nicht im-mer vorhanden. Wenn es Belegungsengpässe gibt, kann die Behörde Fami-lien, die noch nicht ganz beengt lebten, von heute auf morgen „kleiner" setzen.

Schlichteste Bausubstanz innen und außen sorgt dafür, daß die Bewohne-rInnen sich in ihrem Zuhause nicht wohlfühlen können. Ohne eigene Klin-geln und Briefkästen gibt es keine Privatsphäre; durch die erzwungene ge-meinschaftliche Benutzung der Funktionsräume wie z.B. Küche und Toilet-te wird Privatleben weiter beschnitten.

Wo der Mangel verwaltet wird und mit Fremden geteilte Behausungen zum faktischen Standard gemacht werden, sind natürlich auch keine Kinderzimmer vorgesehen. So finden die Kinder in den Obdachlosensiedlungen, Übergangsheimen oder provisorisch hergerichteten Turnhallen in Massenunterkünften immer da ihr „Kinderzimmer", wo ihnen Platz gelassen wird: in einer Ecke der Ein-Raum-Wohnung, unter dem Eßtisch in der Wohnküche, draußen vor der Tür usw. Ergänzt wird dieser Mangel an Rückzugs-, Frei- und Spielraum innerhalb der eigenen vier Wände durch die meist angespannte finanzielle Lage der Eltern und trostlose Aussichten auf besseren Wohnraum.

Der Platzmangel erschwert es den Kindern, zuhause unbeaufsichtigt zu spielen, ihre Hausaufgaben ungestört zu erledigen, FreundInnen einzuladen, sich ein eigenes Reich aufzubauen. Das Fehlen einer guten „sozialen Adresse" beeinträchtigt tagtäglich ihr Leben nicht nur in organisatorischer oder praktischer Hinsicht, sondern auch sozial. „Sage mir, wo Du wohnst, und ich sage Dir, wer Du bist!" Diese gesellschaftliche Beurteilung bedroht die Kinder in Obdachlosensiedlungen, sozialen Brennpunkten oder Übergangswohnheimen. Die Kinder dieser Unterkünfte fühlen sich zurecht benachteiligt.

Diese Kinder besitzen nicht nur in materieller Hinsicht weniger als andere Gleichaltrige. Ihre besonderen Wohn- und Lebensumstände lassen sie anders groß werden: Sie vermitteln ihnen Können und Wissen, das eben dieser (Ausnahme-)Situation angepaßt ist. Dieses teilweise andere Leben dieser Kinder bereitet sie oft nur unzulänglich auf die „normalen" gesellschaftlichen Anforderungen vor. Sie haben es oft schwer mit denen, die anders leben und wohnen. Und jene kennen ihre Kinderstube zu wenig, um sie verstehen zu können.

II. Die gebaute Umwelt – Haus und Nahraum

Peter Kürner

Kinder – Wohnen – Umfeld*

1. Wohnökologie

Die soziale Umwelt von Kindern, die „Ökologie", in deren Rahmen sie auf-
wachsen und sozialisiert werden, wird durch Entscheidungen im Rahmen
der Städteplanung und Architektur wesentlich vorgeprägt. Da der Bewe-
gungsraum von Kindern auf das unmittelbare häusliche Umfeld beschränkt
ist, müssen Architektur und Städteplanung als zentrale Felder des Kinder-
schutzes, wie auch einer kindgerechten Familienpolitik schlechthin, angesehen werden.

Während es heute ohne weiteres möglich ist, sich bei der Planung einer
modernen Einbauküche kompetent und kostenlos beraten zu lassen, kann
man das in gleicher Weise für die Planung der eigenen vier Wände nicht be-
haupten. Entsprechendes gilt für die künftig immer wichtiger werdende
Mehrgenerationen-Nutzung des Wohnraums.

Wir stellen uns eine kindgerechte Architekturförderung und -beratung auf
folgenden Ebenen vor:

– Finanzielle Anreize im Rahmen der Wohnbauförderung, sowohl für den
  Mietwohnungsbau, als auch für Wohneigentumsbildung
– Förderung von Aufklärungs- und Fortbildungskampagnen durch die Ver-
  bände
– Förderung von Ausstellungen und Wettbewerben.

Im Rahmen der Stadtplanung denken wir an die Entwicklung gezielter An-
reiz-Systeme für die kindgerechte Siedlungsplanung, wie auch für die kindgerechte Ausgestaltung bestehender Siedlungs- und Straßenkomplexe (z.B.
Fortschreibung der Verkehrsberuhigung, Nutzung von Schulhöfen, Parkplät-
zen etc.).

Das Prinzip der kindgerechten Architektur und Stadtplanung sollte in
Form von „Workshops" für Kommunalpolitiker und Fachbeamte aus den
Gemeindeverwaltungen wachgehalten werden. Solche „Workshops" könn-
ten von einem aus verschiedenen verbandlichen Trägern, Vertretern des

---

*   Dieser Beitrag ist die überarbeitete und aktualisierte Fassung eines Aufsatzes in der Reihe
     ILS-Schriften Heft 62 „Stadt-Kinder"; Hrsg. Institut für Landes- und Stadtentwicklungsfor-
     schung des Landes Nordrhein-Westfalen (ILS), Dortmund 1992, Seiten 28-32

Städtetags und der Ministerialverwaltungen zusammengesetzten Projektgremiums geplant und durchgeführt werden.

Generell dürfte eine unter dem Aspekt des kindlichen Bewegungsraums stehende Stadtplanung für die Spiel- und Gesellungsformen von Kindern größere Bedeutung haben als eine flächendeckende Spielplatzplanung. Kinder entwickeln ihre sozialen Aufenthaltsorte und Spielmöglichkeiten in der Regel in die sie umgebenden Räume hinein. Eine fortschrittliche Kinderschutzpolitik sollte dafür räumliche und bauliche Offenheit bereithalten, die von Kindern ihrerseits genutzt und funktionalisiert werden kann.

Erfolgreiche Architektur und erfolgreicher Städtebau in diesem Sinne sollten dokumentiert und als Beratungsangebot leicht zugänglich gemacht werden.

Als weitere mögliche Themenbereiche im Zusammenhang mit Beratungsdiensten können angesehen werden: Schadstoffschädlichkeit für Kinder, Allergien, Normenwesen, Verkehrsberuhigung, Spielstraßen, Kinderfreundlichkeit von Behörden/Spielecken, neue Wohnmodelle (vgl. auch die Beiträge zu diesen Themen in diesem Band).

2. Kinderschutzaspekt

Der Deutsche Kinderschutzbund hat es in der praktischen Arbeit seiner Ortsverbände mit den Auswirkungen unterschiedlicher Gewaltformen gegen Kinder zu tun. Dazu zählen

– Kindesvernachlässigung
– physische Gewalt
– psychische Gewalt
– sexuelle Ausbeutung
– strukturelle Gewalt.

Die Ursachen dieser verschiedenen Gewaltformen sind unterschiedlich und meistenteils komplex. Monokausale Erklärungen erhellen selten oder nie die Ursachen. Es scheint jedoch aufgrund der aktuellen Forschungsergebnisse gesichert zu sein, daß Lebens- und Wohnbedingungen der sogenannten Gewaltfamilien einen nicht unwesentlichen Anteil an den Ursachen entstandener Gewaltfälle besitzen (Deutsches Jugendinstitut München, Pädagogisches Institut Düsseldorf).

In einer Antwort der Bundesregierung auf eine große Anfrage zur sozialen Lage von Familien und Kindern (11. Wahlperiode, Drucksache 11/5106 vom 30.8.1989) wird offenkundig, daß gerade Familien mit Kindern unter der angespannten Wohnungslage und unter besonders beengtem Wohnraum zu leiden haben. Einer Familie mit drei Kindern standen 1982 im Durchschnitt 21,4 qm Wohnfläche pro Person zur Verfügung, Haushalte ohne Kinder verfügen über 41,9 qm Wohnfläche pro Person!

„Mittlerweile ist die Wohnungslage wieder angespannter" (Seite 34) und „bei angespanntem Wohnungsmarkt, besonders in Ballungszentren, kann es ... zu erheblichen Wartezeiten kommen" (Seite 35)[20].

2.1 Strukturelle Gewalt

Strukturelle Gewalt bezeichnet eine Gewalt ohne direkte Akteure. Sie ist in das System eingebaut und äußert sich in ungleichen Machtverhältnissen und folglich in ungleichen Lebenschancen. Man kann sagen, daß sie die Differenz zwischen der optimalen und der aktuellen Lebensqualität ausmacht. Diese strukturelle Gewalt zeigt sich indirekt in gesellschaftlichen Systemen und wird nicht unmittelbar als Gewaltausübung erkennbar. Kinder sind in vielfältiger Weise struktureller Gewalt ausgesetzt, wie an folgenden Beispielen deutlich wird:[21]

– Die kinderfeindliche Stadt, in der es nur noch wenige Inseln für das Spiel der Kinder gibt;
– der für Kinder gefährliche Straßenverkehr, an den Kinder auch mit einer noch so guten Verkehrserziehung nicht angepaßt werden können;
– die für Familien mit Kindern zu engen, zu teuren und zu hellhörigen Wohnungen;
– die Hochhäuser, in denen es den Müttern kleiner Kinder nicht möglich ist, die Kinder „vor dem Hause" allein spielen zu lassen, weil es keinen Blickkontakt zwischen Mutter und Kind mehr geben kann;
– das große Medienangebot, das die Kinder in eine Konsumhaltung zwingt und eigenes gestalterisches Handeln erschwert;
– gesundheitsschädigende Belastungen von Boden, Wasser und Luft, die die gesamte Bevölkerung treffen, aber besonders auf Kinder gravierende Auswirkungen haben.

3. Wohnen im Wandel der Werte und gesellschaftlichen Bedingungen

Die Auflösung des größten gemeinnützigen Wohnungsunternehmens „Neue Heimat" war nur die letzte Bestätigung dafür, daß der öffentlich geförderte Mietwohnungsbau keiner

---

20 Antwort der Bundesregierung auf eine große Anfrage zur sozialen Lage von Familien und Kindern, 11. Wahlperiode, Drucksache 11/5106 vom 30.8.1989, Bonn 1989
21 zitiert nach „Hilfe statt Gewalt", Hrsg. Deutsche Kinderschutzbund Bundesverband, Hannover 1989

gesellschaftlichen Rationalität mehr entsprach: Die Wohnungen waren zu teuer und sie erfüllten nicht mehr die Bedürfnisse vieler Nachfrager. Zugleich entwickelten sich als Reaktion auf diese Marktveränderungen die ersten konkreten „alternativen Projekte". Die Vielfalt der gemeinschaftlichen Wohnprojekte in der BRD und im benachbarten Ausland ist Indiz dafür, daß zunehmend mehr Menschen es nicht akzeptieren, daß Wohnraum nach dem Kriterium: Arbeitsverhältnisse und entsprechendes privates Verhalten „angemessen" wird.

Z.B. beim öffentlich geförderten Wohnungsbau: soundsoviel qm exakt definierter Wohnfläche pro Familie plus Zuschlag für jedes Kind. Oder, daß es der Willkür oder dem Glück überlassen bleibt, wer in die Nachbarwohnung einzieht. Oder: daß der Hausmeister gefragt und gebeten werden will, möchte man eine kleine Bastelwerkstatt im Keller einrichten. Oder: daß es nicht erlaubt ist, kleinere Reparaturen selbst auszuführen, um Wohnkosten zu senken.

Diese vielen Einschränkungen, denen die Bewohner im Mietverhältnis ausgesetzt sind, sind durch Beispiele „mustergültigen" Vermietens nicht abzuschaffen: das ungleiche Verhältnis bleibt maßgebend für die Lebensverhältnisse. Es sei erinnert an die unzähligen Kündigungen durch Eigenbedarf, an die Umwandlungen von Miet- in Eigentumswohnungen, an die Privatisierung großer ehemals gebundener Wohnsiedlungen, an den Abriß von Wohnraum, der zum Wohnen gut, zum Vermieten unrentabel erschien.

Diese Beschränkungen sind auch der Grund für den bei Umfragen immer erneut bestätigten „Wunsch des Bürgers" nach Eigentum an den eigenen vier Wänden. Doch diese „Lösung" der Wohnungsfrage ist für viele Menschen nicht mehr gültig, sei es aus finanziellen Gründen, sei es aufgrund gewandelter Wünsche und Bedürfnisse. Es geht den gemeinschaftlichen Wohnprojekten

1.   um Wohnsicherheit,
2.   um die Selbstbestimmung über die Wohn- und Lebensverhältnisse.[22]

4. Kindgerechtes Wohnen – sieben Forderungen

4.1   Bedürfnisgerechte Architektur und Wohnumfeld

Die selbstbestimmbare Entfaltungsmöglichkeit von Kindern ist in den vergangenen Jahrzehnten zurückgedrängt worden. Die Verdichtung der Ballungsräume, die Dominanz der Planungsvorgaben für den motorisierten Individualverkehr, die Veränderung von Lebenszusammenhängen der Familie, das Verschwinden nachbarschaftlicher Strukturen und die Entwicklung der Informationstechnologien haben die originären Erfahrungsfelder von Kindern und Jugendlichen erheblich eingeschränkt und verändert.

---

22 Zitiert mit freundlicher Genehmigung des Herausgebers aus „Gemeinsam und Selbstbestimmt", Hrsg.: Wohnbund e.V., Darmstadt 1988, S.18f

Kinder bedürfen jedoch für ihre Entwicklung einer vielfältigen und anregenden Umwelt, in der sie nicht nur soziale Beziehungen entwickeln und gestalten können, sondern auch Chancen für Erfahrungen mit der dinglichen Umwelt und Natur erhalten.

Für Eltern und für Kleinkinder ist eine unmittelbare Nähe ihrer häuslichen Aktivitäten von besonderer Bedeutung. Das Spiel der Kinder einerseits und Familienarbeit andererseits lassen sich in einem räumlichen Konzept durchaus miteinander verbinden. Die Küche als zentraler Ort des Wohnens ist durch architektonische Vorgaben aus dem Familienleben ausgegrenzt worden. Es bedarf einer Neuorientierung in der architektonischen Planung familien- und kindgerechter Wohnungen, in der diese Bedürfnisse und Aktivitäten in einem Raumkonzept (wieder) zusammengeführt werden. Ein zentraler Raum von 35–45 qm, in dem funktional Kochen, Essen, Aufenthalt und Kleinkinderspiel realisiert werden können, könnte Gewähr leisten für die von Kindern beanspruchte Nähe zu deren Eltern, aber auch das Bedürfnis von Eltern, in Blick- und Sprechkontakt zu Kindern bei gleichzeitiger Ausübung von Familienversorgungsarbeit zu stehen.

Die Qualität der innerfamilialen Kommunikation kann durch einen zentralen Raum deutlich verbessert werden. Bestätigung dieser Annahme zeigt das Ergebnis der Bedürfnisanalyse der Teilnehmer verschiedener Wohngruppen, die bei der Entwicklung eines alternativen Wohn- und Lebensprojektes übereinstimmend einen ca. 40–50 qm großen Mehrzweckraum („Wohnküche") als zentrale Forderung ihrer architektonischen Vorstellungen nennen.

Die Gestalt der Familie unterliegt historischem Wandel. Während in den 50er und 60er Jahren das Familienideal als Kleinfamilie im Massenwohnungsbau dokumentiert und scheinbar immer noch Leitbild vieler aktueller Planungen ist, entspricht die Vielfalt heutiger Familienformen keineswegs mehr architektonischen Konzepten. Darüber hinaus sind Familien keine statisch starren, sondern dynamische Gruppen, deren Bedürfnislage sich mehrfach im Laufe ihrer individuellen Biographie verändert. Wohnungen sind in der Regel jedoch in ihrer räumlichen Gestalt auf eine fiktive Bedürfnislage und auf einen fiktiven Funktionsablauf determiniert. Der Erkenntnis, daß sich das Bedürfnis, die Gestalt und die Funktion einer Familie dynamisch verhält, muß mit einer entsprechenden architektonischen Konzeption Rechnung getragen werden. Das bedeutet, daß Wohnungsgrundrisse variabel gestaltet sein sollen. Z.B. durch die Mobilität von Trennwänden, durch die neue Raumkonstellationen, veränderte Raumgrößen und Funktionen leicht hergestellt werden können. Aber auch Versorgungsanschlüsse müssen so geplant werden, daß zusätzliche Naßräume oder Küchen mit geringem Aufwand einzurichten sind. Erst diese Voraussetzungen machen Wohnungsteilungen möglich.

Das Bedürfnis von Kleinkindern die Nähe zu deren Eltern gesichert zu wissen, sollten konsequenterweise auch weitere architektonische Vorgaben erfüllen können. Der Balkon oder die Loggia sollen die Möglichkeit bieten, kleine Sandkästen oder Wasserspielmöglichkeiten aufzunehmen und dabei in räumlicher Zuordnung zum zentralen Wohn-/Kochraum stehen.

Für Kinder ist es aus der gleichen Bedürfnislage heraus eine Überforderung, Freispielmöglichkeit in allzu großer Entfernung nutzen zu sollen. Aus diesem und auch aus einer Reihe anderer Gründe dürfen familien- und kindgerechte Wohnungen nur im Erdgeschoß, der 1. Etage, allenfalls in der 2. Etage eines mehrgeschossigen Wohnhauses liegen. Diese Forderung wird im übrigen aus den gleichen fachlichen Überlegungen im 4. Familienbericht der Sachverständigenkommission der Bundesregierung erhoben. Interessanterweise konnte auch bis heute nicht schlüssig der Nachweis dafür geliefert werden, daß in einer Bauweise, die über eine dreigeschossige hinausgeht, weniger Grund pro qm Wohn- und Nutzeinheit verbraucht würde als in einer ein- bis dreigeschossigen Niedrigbauweise.

Freispielflächen und Wohnumfeld dürfen nicht mit vorstrukturierten Angeboten überfrachtet werden, sondern sollen Kindern die Chance und den Freiraum für gefahrlose und selbstbestimmte Erfahrungen bieten. Es bedarf eigentlich keiner großen schöpferischen Leistungen, kindgerechtes Wohnumfeld zu planen und zu realisieren. Vielfach sollten die Erfahrungen und Erinnerungen der Planer an die eigene Kindheit ausreichen, um einigermaßen sicher festzustellen, was Kinder für ihre Entwicklung brauchen: Wasser, Büsche, Bäume, differenziertes Gelände (ein Hügel, eine Senke), das von Kindern in „Besitz" genommen werden kann, auf dem Verstecken und Fangen genauso gespielt werden kann, wie sie dort auch ihre Buden bauen und im Sand und Matsch spielen können.

Der eingepferchte Spielplatz mit den sterilen und langweiligen Geräten, der an den Hochsicherheitstrakt einer Strafvollzugsanstalt erinnernde Bolz- oder Ballspielplatz behindert Kinder eher in ihrer Entwicklungsmöglichkeit, als dies wohlmeinende Planer zu fördern vermögen.

4.2 Planungsbeteiligung der Nutzer bei Neu- oder Umbaumaßnahmen

Kind- und familiengerechtes Wohnen bedeutet, daß bereits in der Planungsphase die Bedürfnislage der späteren Nutzer berücksichtigt werden soll. Bei Baumaßnahmen des Mietwohnungsbaus ist dieses Postulat sicher schwieriger umzusetzen als beim Eigentumswohnungsbau. Leider findet es aber in der planerischen Praxis, sowohl im ersten Fall als auch im zweiten, so gut wie gar nicht statt. Mehrgeschossige Mietshäuser aber auch Reihenhaussiedlungen orientieren sich vordergründig eher an DIN und Kosten–Nutzen-Analysen als an den Bedürfnissen der späteren Bewohner.

Der Unfug mit 9 qm großen „Kinder"- und 12 qm großen „Elternschlafzimmern" muß hier nicht zum wiederholten Male diskutiert werden. Leider scheint die Realität jedoch nach wie vor nach dem bekannten Muster: Grundstücksverwertung – Planung – Erstellung – Marktangebot – Nachfrage – bestimmt zu sein, an deren Endpunkt ein Mieter oder ein Käufer eine vorgegebene Architektur vorfindet, deren Höchstmaß an Realisierung eigener Vorstellungen die Auswahl des Bodenbelags oder die Farbe der Kacheln in den Naßzellen bedeutet. Gegen Aufpreis gibt es die Luxusausführung der Wohnungstüre als Zeichen besonderer Individualität.

Ist denn jenes Szenario wirklich so utopisch, in dem zu Beginn einer Planung die Bedürfnisse potentieller Nutzer erkundet werden und eine Planung im Dialog- und Diskursverfahren erfolgt? Daß diese Planungsrealität auch von anderen Überlegungen geleitet werden kann, zeigen neuerdings die erfreulichen Bemühungen einiger Bauträger und Kommunen. So bieten zu diesem Zwecke seit einigen Jahren regionale Beratungsstellen des Wohnbundes e.V. entsprechende Dienstleistungen von Fachleuten unterschiedlicher wissenschaftlicher Vorerfahrung an (ArchitektInnen genauso wie SoziologInnen oder BetriebswirtInnen). Die Stadt Düsseldorf beispielsweise hat für ein Siedlungsprojekt an der Benderstraße 1990 zwei Wohnbundmitarbeiter, eine Architektin und einen Sozialwissenschaftler zur Betreuung dieses Vorhabens engagiert. In der Planungs- und Bauphase erarbeiten diese Experten mit den potentiellen BewohnerInnen unter den jeweils spezifischen Bedürfnisstrukturen die Realisierungsmöglichkeiten.

Eine humane Architektur sollte doch in der Lage sein, den Wunsch einer Familie nach einem großen Kinderzimmer für zwei Kinder genauso umzusetzen wie den Wunsch nach zwei kleineren Einheiten, oder die Vorstellung, zugunsten eines größeren, gemeinsamen Familienraumes auf ein Eßzimmer zu verzichten. Dazu bedarf es aber der Erkundung konkreter Bedürfnisse und Lebensplanungen. Aus diesem Grunde kann kind- und familiengerechtes Wohnen nur durch eine Architektur ermöglicht werden, die individuelle Bedürfnisse berücksichtigt, differenzierten und differenzierbaren Wohnraum schafft und nicht statistische Größen und Daten zur erkenntnisleitenden Richtlinie planerischer Entscheidungen erhebt.

4.3   Nachbarschaftliches Wohnen

Der Preis für die zunehmende Differenzierung und Spezialisierung unserer Gesellschaft ist die gleichermaßen zunehmende Auflösung von Lebenszusammenhängen. War in der Vergangenheit die Entfremdung von Lebensbereichen das Stichwort für die Charakterisierung dieser Entwicklung, so ist an ihre Stelle die Isolation der Kernfamilie und Vereinsamung alleinstehender Menschen getreten. Diese Entwicklung ist durch ein wachsendes Angebot von Informationen und Unterhaltung, übermittelt durch neue technische Medien, verstärkt worden. Das Fernsehen erweckt die Illusion, am aktuellen

Geschehen dieser Welt hautnah beteiligt zu sein, Video-Recorder und Ka-
bel-Fernsehen versorgen Menschen mit Erlebnis-Surrogaten. Die Realität
des Erlebens, Fühlens und Handelns wird durch triviale Serien und gewalt-
verherrlichende Action auf dem Bildschirm ersetzt. An die Stelle des realen
Handelns tritt das „Handelnlassen", an die Stelle des Spielens das „Spielen-
lassen" mit dem Ergebnis der Deprivation des Gefühls und der Handlungs-
kompetenz.

Die Kernfamilie, im statistischen Idealfall tradierter Wertvorstellungen
Mutter, Vater und zwei Kinder, ist in ihrer Privatheit immer mehr auf sich
selbst gestellt, das einzelne Familienmitglied dieser Intimität ausgeliefert.
Für die Entwicklung von Kindern bedeutet die Situation nicht nur die Un-
ausweichlichkeit in Konfliktsituationen, sondern auch die mangelnde Chance differenzierbarer Verhaltensweisen und sozialer Bezüge. Die Familie als
„intimes Gefängnis" ist nicht Soziologenspuk, sondern konkrete Wirklichkeit.

Das Bedürfnis nach Kommunikation, nach altersentsprechender Gesellung
und andere Familienwirklichkeiten kennenzulernen, wird durch architektonische Vorgaben zusätzlich behindert. Kindgerechtes Wohnen bedeutet daher, diese festgefahrenen Strukturen des Wohnens zu durchbrechen und
durch architektonische, aber auch durch andere Maßnahmen und Weichen-
stellungen Nachbarschaft zu ermöglichen. Gemeinschaftsräume, wie z.B.
ein Spielhaus oder geeignete Spielräume, die von Kindern, Jugendlichen
und deren Eltern gemeinsam gestaltet und genutzt werden, oder eine „Cafe-
teria", ein Raum, in dem Erwachsene und Kinder gemeinsam Feste feiern,
zum Grillen oder gemeinsamen Essen oder auch nur zum Gespräch zusam-
menkommen, könnten Voraussetzung für nachbarschaftliches Leben sein.
Eindrucksvoller Beleg für die Funktion eines solchen Gemeinschaftsraumes
bieten die Erfahrungen von Sozialarbeitern in einer Hochhausbebauung in
Köln-Chorweiler. In dieser gleichermaßen unwirtlichen wie auch inhuma-
nen Architektur konnte erst nach der Zweckumwandlung einer im Hause befindlichen Wohnung in eine Nachbarschaftseinrichtung eine, wenn auch äußerst anspruchsarme, Wohnqualität sichergestellt werden. Aber auch die
Einplanung einer zweiten Erschließungsebene bei Reihenhäusern, die einen
ungehinderten Zugang von Kindern untereinander erlauben (von Haus zu
Haus über die erste oder zweite Etage) könnte eine Voraussetzung für mehr
Nachbarschaft bieten. Selbst in der verdichteten Reihenhausbebauung findet
diese Lösung zunehmend Anklang. Ein gelungenes Beispiel dieses Lösungs-
ansatzes ist im kleingenossenschaftlichen Projekt „Stadtmauer" in Oberhausen realisiert worden.

Nachbarschaft kann selbstverständlich nicht nur durch die Architektur gewährleistet oder gar verordnet werden. Dazu bedarf es auch anderer Maßnahmen, die durch EigentümerInnen, BauträgerInnen, Hausverwaltung,
VermieterInnen eingeleitet werden können (müssen). Dazu gehört z.B. die

Nutzung und (gemeinsame) Gestaltung von Freiflächen, die gemeinsam ver-
antworteten und selbst durchgeführten Reparaturen und Unterhaltungsarbei-
ten, oder gemeinsame Müllentsorgung etc.

Nachbarschaft kann nur durch die Selbstverantwortung der jeweiligen Bewohner entstehen und sinnvoll mit Leben erfüllt werden. Gegenseitige
Nachbarschaftshilfe, wie z.b. die Betreuung von Kindern, Hilfe bei der Versorgung und Pflege von Kranken und Älteren, die Einbindung von Allein-
stehenden und Alleinerziehenden muß sich letztlich durch einen Kommunikationsprozeß und durch die Bereitschaft der Betroffenen entwickeln. Voraussetzungen allerdings müssen gewährleistet sein, sowohl architektonische
als auch in der Übertragung von Verantwortung und Rechten an die Nutzer
im Sinne einer Stärkung der Selbstbestimmung über die Wohn- und Lebensverhältnisse.

4.4 Mehrgenerationenwohnen

Vielfach müssen wir zur Kenntnis nehmen, daß Neubauvorhaben für bestimmte Personengruppen geplant und erstellt werden: Eine Reihenhaus-
siedlung für junge Familien, Wohnungen für kinderreiche Familien oder für
„Senioren". Diese Praxis legt den Grundstein für zusätzliche Ausgrenzun-
gen und Ghetto-Bildungen. Kindgerechtes Wohnen muß aber die Chance
bieten, auch im engeren Wohnumfeld soziale und gesellschaftliche Realität
zu erfahren. Rücksicht und Toleranz ist nur dann entwickelbar, wenn Bedürfnisse anderer Menschen- und Personengruppen konkret erfahren und mit
den eigenen Bedürfnissen in Einklang gebracht werden können. Sowohl das
Unverständnis von Älteren als auch von Kindern für die besonderen Lebensbedingungen und Bedürfnisse der jeweils anderen basiert auf der Tatsache,
daß diese Erfahrungen zum Teil gar nicht gemacht werden können. Abgesehen von den nachbarschaftlichen Aspekten des Helfens und gemeinsam ver-
antworteten Handelns liegt in diesem demographischen Separatismus auch
eine ungeheure sozialpolitische Problematik. Man kann doch nicht mehr
Verantwortung für hilfsbedürftige Menschen einfordern und Pflegedienste
für den stark anwachsenden Anteil älterer Menschen an der Gesamtbevölkerung erwarten oder beklagen, daß ältere Menschen in eine Sinnkrise des Lebens fallen, wenn die Planung des Wohnens und Lebens die Altersgruppen
gegenseitig ausgrenzt.

Für ältere (und alleinstehende) Menschen, Kinder und deren Eltern bietet
das Zusammenleben der unterschiedlichen Generationen in der unmittelbaren Nachbarschaft eine Fülle von Erfahrungs- und Entwicklungsmöglichkei-
ten und die Chance erhöhter Lebensqualität. Welcher ältere Mensch würde
sich nicht darüber freuen, daß Kinder aus der Nachbarschaft helfen, seine
Pflanzen zu pflegen, die Eltern dieser Kinder beim Einkauf Getränke oder

einen Sack Kartoffeln mitbesorgen? Welches Kind sollte kein Interesse
daran finden, von den älteren Nachbarn Erlebnisse von früher oder eine Geschichte erzählt zu bekommen? Welche Eltern sind nicht darauf angewiesen, ihre Kinder für kurze Zeit (und manchmal ja auch ganz überraschend)
betreut zu wissen? Ganz abgesehen davon, daß Lebensplanungen ganz anders aussehen könnten, wenn Alleinerziehende oder Elternteile wieder be-
rufstätig werden wollen und die Betreuung ihrer Kinder durch Nachbarschaftshilfe älterer Menschen organisieren, oder ältere Menschen bei Krankheit oder Gebrechen mitbetreut werden, kann das Verständnis unter den Generationen doch nur durch konkretes Erleben entwickelt werden.

Aus diesen Gründen sollte in der Planung kindgerechten Wohnens auch
die Existenz alter Menschen oder Behinderter berücksichtigt und in architektonische Konzepte einbezogen werden. Mehrgenerationenwohnen entlastet die beteiligten Familien und älteren Menschen und bietet Kindern diffe-
renziertere Erfahrungsmöglichkeiten.

4.5 Ökologisches Wohnen

Ungeachtet allgemeiner Diskussionen um umweltbewußteres Leben ist die
Frage nach ökologischem Bauen und Wohnen für viele Kinder bereits heute
zu einer gesundheitsbedrohenden Angelegenheit geworden. Nach neueren
Erkenntnissen leiden bereits 10–20% aller Kinder und Jugendlichen unter
allergischen Erkrankungen aller Erscheinungsbilder. Neurodermitis, Heu-
schnupfen und Bronchial-Asthma sind die häufigsten Allergieformen, die
letztlich durch ein Übermaß von Umweltbelastungen ausgelöst werden. Die
belastenden Faktoren sind vielfältig und zum Teil, durch öffentliche Diskussionen ausgelöst, auch auf dem Verbotsindex verwendeter Baustoffe gelan-
det. Formaldehyd, Asbest, Lösungsmittel in Farben, Holzschutzmittel etc.
sind einige Beispiele dafür. Leider berücksichtigen Schadstoffobergrenzen
im Regelfall nur die Verträglichkeit von Erwachsenen. Der viel empfindli-
chere Organismus von Säuglingen und Kindern wird dadurch Belastungen
ausgesetzt, die er ohne Schäden kaum zu überstehen vermag.

Ökologisches Bauen und Wohnen bedeutet aber nicht nur den Verzicht
auf chemische Keulen, sondern erfordert auch die stärkere Berücksichtigung
physiologischer Notwendigkeiten. Die ausreichende Durchlüftung von
Wohnräumen, der Klima- und Feuchtigkeitsausgleich, die Verhinderung
von Staub und Schimmelpilzen sind wesentliche Voraussetzungen, gesund-
heitsbelastende Faktoren für Kinder (und Erwachsene!) auszuschalten. Einfache wischfähige Nadelholzböden in Wohnräumen sind z.B. preiswerte
und unter ökologischen Gesichtspunkten geeignetere Bodenbeläge als Teppichböden. Lehmziegel- und Holzbauweise schaffen allemal günstigere Lebensbedingungen für den kindlichen Organismus als hochverdichtetes Mau-

erwerk. Schall- und Wärmeisolierungen lassen sich auch durch Sandschüttungen, Filzauflagen und atmungsaktive Naturmaterialien erreichen.

Dies sind nur einige Beispiele dafür, wie unter Berücksichtigung ökologischer Gesichtspunkte kindgerechtes und damit verträgliches Wohnen gestaltet werden kann.

4.6 Kostengünstiges Wohnen

Aufgrund des durch das Bundesverfassungsgericht attestierten mangelnden Familienlastenausgleichs sind Familien mit Kindern in mehrfacher Hinsicht benachteiligt. Das durchschnittliche Pro-Kopf-Einkommen liegt umso niedriger, je höher die Anzahl der Kinder ist. In direkter Abhängigkeit dazu steht die eingeschränkte Möglichkeit von Familien mit Kindern, einen angemessenen Wohnraum zu bekommen. Nach Auskunft der Bundesregierung[23] vom 30.8.1989 verfügen ca. 75% aller Ehepaare mit Kindern im Jahre 1987 über weniger als DM 3.000,– netto monatliches Familieneinkommen.[24] Legt man die 1990 üblichen Mietpreise in den Ballungsgebieten von ca. 10,– bis 12,– DM pro qm bei Neuvermietungen zugrunde, so wird sehr schnell deutlich, daß selbst Wohnungen, bemessen nach Sozial-Wohnungsstandard von ca. 90 qm, für eine vierköpfige Familie bei DM 3.000,– Netto-Monatseinkommen ca. 40% des Familieneinkommens für die Warmmiete verschlingt. Das verbleibende Familieneinkommen bewegt sich auf dem Niveau der Sozialhilfesätze. Neben dem eingeschränkten Pro-Kopf-Einkommen einer Familie mit Kindern muß diese auch mit erheblich eingeschränkten Wohnverhältnissen leben.

Kindgerechtes Wohnen bedeutet aber, daß ein Mindeststandard an räumlichen Voraussetzungen gegeben sein muß. Neben öffentlichen Hilfen kann dieses Problem nur durch Konzepte kostengünstigerer Wohnraumerstellung gelöst werden. Verschiedene architektonische Modellprojekte, u.a. auch dokumentiert in der Schriftenreihe des Ministers für Stadtentwicklung, Wohnen und Verkehr des Landes NRW (Heft 20, 1988), zeigen Möglichkeiten der Kosteneinsparung sowohl im konstruktiven Bereich als auch durch verstärkte Möglichkeit zur Eigenleistung auf.

Ein kleingenossenschaftliches Modell am Stadtrand Oberhausens, bei dem die Stadt als Genossenschaftsmitglied das Grundstück in Erbpacht eingebracht hat, erbringt den Nachweis, daß bei massiver Bauweise der 15 im Jahre 1990 fertiggestellten Wohneinheiten Mietbelastungen von DM 5,70 pro qm (bei öffentlich gefördertem Mietwohnungsbau) und DM 7,70 pro qm (bei nicht gefördertem Mietwohnungsbau) nicht zu übersteigen braucht. Ein

---

23 11. Wahlperiode, Drucksache 11/5106, Deutscher Bundestag
24 ebend. S. 19

Teil der Kostensenkung ist der erbrachten Eigenleistung am Bau (ohne handwerkliche Fachkenntnisse auszuführen) zuzuschreiben, ein weiterer Teil der Erbpachtnutzung, durch die zwar ein monatlicher Pachtzins anfällt, nicht aber der im Vergleich dazu ungleich höhere Kapitaldienst für entsprechenden Grundstückskauf. Neben der selbstbestimmten Gestaltung des Wohnraumes und Wohnumfeldes dieser Kleingenossenschaft im Sinne einer auch für Familien mit Kindern bedarfsgerechten Architektur, konnte der zweite belastende Faktor, die aufzubringende monatliche Miete, niedriggehalten werden.

Ein anderes exemplarisches Beispiel nachahmenswerten kommunalen Engagements hat die Stadt Dormagen entwickelt. Sie versucht baureife Grundstücke in städtischen Besitz zu bekommen und offeriert diese dann wahlweise im Erbbaurecht oder zum Verkauf vorzugsweise an Familien, wobei eine Rangfolge der Priorität nach der Anzahl der Kinder und Einkommenshöhe der Antragsteller besteht. So zahlen Ehepaare oder Alleinerziehende mit drei Kindern lediglich 50% des festgelegten Grundstückspreises. Im Erbbaurecht werden den betroffenen Familien neben einem nach Einkommensverhältnissen gestaffelten Erbbauzins auch das Vorkaufsrecht auf das Grundstück eingeräumt. Eine ganz entscheidende Förderkomponente hat die Stadt Dormagen darüber hinaus mit dem Element eines zinsfreien Darlehens für Ersterwerber von selbstgenutzten Eigenheimen oder Eigentumswohnungen geschaffen, mit dem gerade junge und einkommensschwache Familien den meist fehlenden Eigenkapitalanteil kompensieren können. Ein Ehepaar mit zwei Kindern kann auf diese Weise zusätzlich einen Betrag von 45.000,– DM finanzieren, der in den meisten Fällen gerade mittleren und unteren Einkommensgruppen erst die von den Banken akzeptierten Finanzierungsgrundlagen sichert. Der dadurch erzielte Entlastungseffekt auf dem Wohnungsmarkt reguliert nicht nur das örtliche Mietniveau, sondern entlastet den kommunalen Haushalt langfristig in anderen Bereichen, so daß sich diese gezielten Investitionen betriebs- und volkswirtschaftlich neutral verhalten.

Das Problem der ungerechten, weil bei mittleren und geringeren Einkommensgruppen nicht oder nicht voll ausschöpfbaren, steuerlichen Entlastungen nach den Paragraphen 10e und 34f (Baukindergeld) des Einkommensteuergesetzes ist in der Öffentlichkeit bereits breit diskutiert und herb kritisiert worden. Dennoch sei auch an dieser Stelle diese Kritik noch einmal aufgegriffen und auf die merkwürdige Vorstellung von Entlastungsnotwendigkeit hingewiesen. Danach wird eine Familie mit drei begünstigungsfähigen Kindern, bei gleichzeitiger Inanspruchnahme der vollen Abzugsmöglichkeiten nach § 10e EStG bei einem zu versteuerndem Jahreseinkommen von 74.000 DM mit 3.000 jährlich effektiv entlastet (durch direkten Abzug von der Steuerschuld) der Nachbar mit nur 56.000 DM zu versteuerndem Jahreseinkommen schaut derweil in die berühmte Röhre. Seine Entlastung

beträgt keine einzige DM, und das über mehrere Jahre. Familien- und kin-
derpolitisch ist dies nicht nur ein Skandal, sondern decouvriert gleichzeitig
das dieser Entscheidung zugrundeliegende Verständnis der dafür verant-
wortlichen Politiker (s.u.: Beitrag von Christian Rüsch in diesem Band).

Kind- und familiengerechter Wohnungsbau muß also auch in verstärktem
Maße und mit engagierterer Unterstützung der Kommunen, der Länder und
des Bundes Wege zur Senkung der (Bau- und) Wohnkosten suchen und finden.

4.7 Mieterschutz

Kinder bedürfen in ihrer Entwicklung eines konstanten räumlichen und sozialen Umfeldes. Wohnortwechsel, zumal erzwungener, bedeutet für Kinder
und deren Familien einschneidende Veränderungen des Lebens. Freundschaften und Spielkontakte der Kinder, Kommunikationsmöglichkeiten und
nachbarschaftliche Beziehungen der Eltern müssen aufgegeben werden.
Schulwechsel der Kinder, erschwerte Voraussetzungen der Familienversorgungsarbeit und aufwendigere Arbeitswege können die Folge sein. Nicht
selten belastet dieser erzwungene Wohnwechsel die Familienstruktur über
das Maß des Erträglichen und Verkraftbaren und markiert in zunehmender
Zahl Obdachlosenkarrieren ganzer Familien.

Gerade in Zeiten akuten Wohnraummangels müssen Familien mit Kindern erleben, daß ihnen kein geeigneter Wohnraumersatz zur Verfügung
steht. Sie geraten in das Mühlwerk der von Spekulation bestimmten Hoch-
mietpreispolitik des Wohnungsmarktes, die bestimmt ist von nicht leistba-
ren Mieten und solchen Selektionsmerkmalen, die beispielsweise die Ver-
mietung einer Wohnung wegen vorhandener Kinder ausschließen.

Diese Kinder- und Familienfeindlichkeit findet Unterstützung in der
Rechtspraxis deutscher Gerichte, die in Mietrechtsverfahren den Eigentum-
schutz im Regelfall immer vor den Artikel 6 des Grundgesetzes („Ehe und
Familie stehen unter dem besonderen Schutze der staatlichen Ordnung")
stellt. Verlust des Wohnraumes ist für Familien mit Kindern ein deregulie-
render Akt und gefährdet den Bestand dieser sozialen Einheit. Diese Belastung wird aber rechtlich unverhohlen als „zumutbares Lebensrisiko" gewertet.

Ein besonderer Mieterschutz für Familien mit Kindern oder die gewissen-
haftere Auslegung des Artikels 6 des Grundgesetzes könnte die besonderen
Bedürfnisse für Familien mit Kindern sichern helfen. Kindgerechtes Wohnen bedeutet auch Sicherheit des Wohnens.

Joachim Brech

Die Wohnung und das Haus
Neue Wohnbedürfnisse aufgrund gewandelter soziokultureller Bedingungen und Folgerungen für den Wohnungsbau

Wie in der Einleitung bereits erwähnt, sollten sich die Gedanken zum Thema „kindgerechtes" Wohnen von der Überlegung leiten lassen, daß „menschengerechtes" Wohnen auch für ein Kind das beste Wohnen ist, oder anders: ein tatsächlich „menschenwürdiges" Wohnen gewiß auch die Bedürfnisse von Kindern respektieren wird. Was das im einzelnen für den Wohnungs- und Städtebau bedeuten kann, ist Gegenstand der folgenden Ausführungen. Dabei geht es auch um die Frage, wie Maßstäbe und Orientierungen in dieser Zeit eines tiefgreifenden gesellschaftlichen Umbruchs gefunden werden können.

1. Die Standardwohnung – eine hunderttausendfach gebaute gesellschaftliche Fehlinvestition

Drei Zimmer, Küche, Bad, Flur, Balkon: etwa 70 qm Wohnfläche insgesamt, aufgeteilt in ein Wohnzimmer, ein Elternschlafzimmer und ein Kinderzimmer, hat dieses Standardmodell, nach dem in der Bundesrepublik heute noch immer Hunderttausende von öffentlich geförderten Wohnungen ebenso wie die meisten Eigentumswohnungen gebaut werden. Von der Bau- und Erschließungsstruktur her – dem statischen Aufbau und der Anordnung der Treppenhäuser, den Installationen, Aufzügen usw. – sind diese Neubauten außerordentlich unflexibel. Sie können, anders als die heute so beliebten Häuser der Gründerzeit, nicht variabel genutzt werden, und somit wird für etwa einhundert Jahre eine Wohnform betoniert, die schon heute oft nur deshalb von den Mietern oder Käufern nachgefragt wird, weil sie gar keine andere Wahl haben.

Auch die Standorte der Standardwohnungen sind nicht Ergebnis rationaler planerischer Überlegungen, wie z.B. Nähe zu öffentlichen Verkehrsmitteln, sondern dem spekulativen Grundstücksmarkt geschuldet, der zu einer „sozial-räumlichen" Segregation führt, eine Entwicklung, zu der darüber hinaus auch die entsprechende Belegungspraxis der Wohnungsämter und der Unternehmungen beiträgt.

Nach wie vor werden die Wohnungen für das Idealmodell der kleinen Familie gebaut, von der offenbar angenommen wird, daß sie in jeder Hinsicht über eine lange Zeit eine gleichbleibende Lebensform praktiziert. Gewiß entstehen mitunter auch öffentlich geförderte Wohnungen für differenzierte Nutzungen und an geeigneten Standorten, doch meist nur in Form von Modellprojekten. Neuen Wohnbedürfnissen kommt auch der Wohnungsmarkt kaum entgegen, er reagiert mehr auf den quantitativ feststellbaren Mangel, denn auf gesellschaftlich gewandelte Lebensvorstellungen.

Das von der traditionellen familialen Wohnform abgeleitete Wohnmodell war zu keiner Zeit in sich stimmig, denn im Laufe des Lebenszyklus verändern sich die Bedürfnisse, z.B. wenn Kinder älter werden oder ausziehen. Hier bedarf es gar keiner gravierenden Einbrüche in den familiären Lebenszusammenhang, wie Krankheit, berufliche Veränderung, Alltagsspannungen, um die Organisation der Wohnung in vielfacher Hinsicht als problematisch erscheinen zu lassen. Selbst wenn keine äußeren Einflüsse wirkten, und diese Erkenntnis ist nicht neu, müßte die immer wieder als das individuelle Refugium beschriebene Wohnung – die sogenannte dritte Haut – nicht in ihrer üblichen Gestalt, sondern grundlegend anders geplant und gebaut werden. Dazu müßte der städtische Kontext – der Standort – viel präziser analysiert werden, um Wohnungen zu bauen, die den sich im Lebensverlauf wandelnden Bedürfnissen entsprechen.

2. Aspekte des sozialen Wandels

Heute sind die Menschen in der Bundesrepublik wie in den meisten europäischen Staaten im Zuge des gesellschaftlichen Modernisierungsprozesses einem Umbruch ausgesetzt, der an Radikalität früherem Wandel in der Geschichte in nichts nachsteht. Um zu zeigen, welche neuen Funktionen damit auf die Wohnung zukommen, seien einige wichtige Aspekte dieses enormen Wandels kurz skizziert.

Moderne Technologien im Produktions- und Dienstleistungsbereich verändern die Arbeits- und Freizeitstrukturen grundlegend. Hohe Mobilität während des gesamten Arbeitslebens wird erwartet, man nimmt auf traditionelle familiäre Lebensformen immer weniger Rücksicht. Die Gesellschaft befindet sich gewissermaßen – man spricht von Flexibilisierung der Arbeit – rund um die Uhr im Dienst. Informelle Formen der Arbeit werden in großem Maße zunehmen und gelten als Motoren der Innovation, als Versuche, normierten Arbeitsformen auszuweichen. Frauen verlassen die ihnen so lange zugewiesene Rolle als Hausfrau und Mutter und wenden sich ganz oder zeitweise dem Berufsleben zu.

Die „freie" Zeit wird Gegenstand des Marktes. Organisierte zentrale Freizeitwelten – vom Schwimmbad zum Erlebnisbad, vom Naherholungsgebiet zum Freizeitpark etc. –, nur mit dem Auto zu erreichen, prägen die Freizeitkultur der Kinder, Jugendlichen und Familien.

Die neuen Kommunikationsmittel verändern den Zeitbegriff radikal. Der Geschwindigkeit beim Informationstransfer sind keine Grenzen gesetzt. Schon heute ist ein Faxgerät, das immerhin den Informationstransfer zeitgleich durchführt, zu umständlich. Distanzen werden durch die Vernetzung der Computer überbrückt. Diese Kommunikationsmittel dringen unaufhaltsam in die Wohnungen ein. In wenigen Jahren wird kaum ein Haushalt ohne Anrufbeantworter oder Minitel sein, drahtlose Telefone und City-Ruf machen uns überall und zu jeder Zeit ansprechbar.

Die neuen Verkehrssysteme verkürzen die Reisezeiten und Vernetzungen unterschiedlicher Verkehrssysteme schleusen die Menschen von Ort zu Ort, ohne daß sie ihrer natürlichen Umwelt gewahr werden. Zugleich vergrößern sich die pro Tag zurücklegbaren Entfernungen. Die bisherige Bedeutung des Begriffes Stadt als wirtschaftlich, sozial, politisch, administrativ begrenzter Raum trifft auf die heutigen Siedlungsformen nicht mehr zu. Er bedarf einer neuen Bestimmung: man wohnt in Stadtregionen wie dem Rhein-Main-Gebiet, im Ballungsraum Stuttgart, im Großraum München, in der Region Hamburg, in der Metropole Berlin. Ferner sind der räumlichen Ausdehnung des Lebensraumes ökologische Grenzen gesetzt.

Seit geraumer Zeit vollziehen sich in den Städten tiefgreifende Wandlungen der ethnischen Zusammensetzung der Bevölkerung. Deutschland ist Einwanderungsland und muß sich an immer mehr fremde Sprachen und Gesichter gewöhnen. Heute schon sind in Frankfurt z.B. 25% der Einwohner Ausländer.

Die Struktur des Altersaufbaus der Gesellschaft wird sich verändern. Berechnungen gehen davon aus, daß im Jahre 2000 rund 25% der Bevölkerung über 65 Jahre alt sein werden.

Wenn zur Charakterisierung der gesellschaftlichen Situation in Deutschland Begriffe wie Pluralisierung, Atomisierung und Differenzierung verwendet werden, dann ist dies Ausdruck von Unsicherheit, wie sich die gesellschaftlichen Verhältnisse angesichts der skizzierten Tendenzen entwickeln werden. Hierbei handelt es sich nicht um die üblichen, kontinuierlich verlaufenden strukturellen Veränderungsprozesse in Wirtschaft und Gesellschaft. Vielmehr sind die Menschen heute einem tieferen Wandel innerhalb eines umfassenden Modernisierungsprozesses ausgesetzt, der viele buchstäblich aus der Bahn wirft. Der gesellschaftliche Wandel weist in durchaus verschiedene Richtungen, und die Einzelnen, die Gruppierungen, Verbände und Institutionen reagieren auf sehr unterschiedliche Weise: aktiv oder pas-

siv, defensiv oder offensiv, freudig oder angstbesetzt, resignativ oder ag-
gressiv, integrativ oder ausgrenzend. Umbrüche sind auch immer Zeiten des
Aufbruchs und der Neuorientierung; das Bestehende war ja keineswegs ein
idealer Zustand. Allerdings setzt das Verlassen des Status quo die Diskursfähigkeit der Institutionen und der einzelnen voraus.

In bezug auf das Thema Wohnen ist nun gerade ein gravierender Mangel
an Diskursfähigkeit festzustellen. Seitens der Wohnungspolitik und der Bauträger werden die Phänomene gesellschaftlichen Umbruchs kaum reflektiert
oder in ihren Zusammenhängen intensiv erörtert. Was die Formen künftigen
Wohnens angeht, ist es erforderlich, Verfahrensweisen bzw. Methoden zu
entwickeln, die Antworten auf die drängenden Fragen, seien sie ökonomischer, sozialer, physischer oder psychischer Natur, ermöglichen.

Denn man kann davon ausgehen, daß der Veränderungsprozeß große Auswirkungen auf das Wohnen hat. Er berührt die Frage nach dem Standort, also der Integration in städtische Strukturen, jeweilige Wohnquartiere, einzelne Häuser, ihre innere Erschließung und die Wohnung selbst. Starre Modelle, wie das des öffentlich geförderten Mietwohnungsbaus genügen den Anforderungen nicht. Dazu ein Beispiel: Allein aus ökologischen Gründen
wird es nötig sein, Wohnsiedlungen in viel größerer Dichte zu bauen, auch
die Wohnflächen pro Person müßten eigentlich stark reduziert werden. Vom
Traum des eigenen Hauses auf der grünen Wiese ist endgültig Abschied zu
nehmen, selbst Kleinwohnungen dürfen wegen ihres enormen Flächenver-
brauchs nicht mehr gebaut werden.

Zu fragen ist nach neuen Formen des Zusammenlebens. Wie sollten heute
Wohnungen unter baulichen und organisatorischen Gesichtspunkten gestaltet werden, die die vielfältigen Veränderungen berücksichtigen? Welche
Faktoren des Übergangs zu neuen Wohnformen lassen sich benennen? Die
vielen innovativ zu nennenden Wohnprojekte der Bundesrepublik können
wichtige Anhaltspunkte dafür geben.

3. Alternative Wohnprojekte – Verweis auf reale Bedarfsstrukturen

Seit mehr als einem Jahrzehnt ist in der Bundesrepublik eine Vielfalt von
Initiativen im Wohnbereich entstanden. Sie spiegeln eine Fülle neuer Bedürfnisse wider und firmieren unter Stichworten wie „gemeinschaftliches
Wohnen", „leben und arbeiten", „anders wohnen", „mitbestimmtes Wohnen", „urbanes Wohnen", „Wohnen für jung und alt", „integriertes Wohnen". Ganz im Gegensatz zu dem eingangs erwähnten, marktlich angebote-

nen familialen Wohnmodell, weisen diese Wohnprojekte in vielerlei Richtungen und zeigen einen – von der Nachfrageseite her betrachtet – außerordentlich heterogenen Wohnungsmarkt.

Nicht alle Projekte sind primär wohnkultureller Art. Idealtypisch sind drei Bereiche innovativer Bewegung im Wohnbereich festzustellen:

– eine Bewegung neuer familialer Lebensformen, also von einzelnen Familien, die anders leben wollen,
– bewußt alternativ gekennzeichnete Wohnformen, also zum Beispiel Wohngemeinschaften, gemeinschaftliche Wohnformen von Deutschen und Ausländern und
– eine Belebung alter Traditionen, zum Beispiel im genossenschaftlichen Kontext, also unternehmensbezogene wohnreformerische Ansätze.

In einer Studie haben wir viele Bewohner innovativer Wohnprojekte nach ihren Motiven und ihren mit den Projekten verfolgten Zielen befragt. Diese lassen sich wie folgt in vier Punkten zusammenfassen:

– *Ökonomische Ziele*
Wohnsicherheit und dauerhaft bezahlbares Wohnen.
– *Soziale Ziele*
Aufhebung von Isolation angesichts der Individualisierung von Arbeitswelt; Wohnung und Zimmer als Orte der Ruhe; Erneuerung oder Konstituierung integrativer Lebensprozesse; Wohnen als ein zentraler Aspekt der Lebensplanung.
– *Organisatorische Ziele*
Selbstverwaltung und Vereinfachung des Alltags.
– *Ökologische Ziele*
Sparsamer Umgang mit Ressourcen.

Diese Ziele innovativer Projekte sind im übrigen nicht spezifisch für eine bestimmte soziale Gruppe, sondern eine konsequente allgemeine – aber im wesentlichen individuell entwickelte – Antwort auf die stattfindenden Veränderungen im Zuge des Modernisierungsprozesses. Im Grunde sollten sie für jede Wohnungsplanung Anwendung finden. Was bedeutet dies im einzelnen für die Gestaltung der Wohnung innerhalb der Stadt unter dem besonderen Aspekt der Bedürfnisse von Kindern und Jugendlichen?

3.1 *Ökonomische Ziele – die Wohnung als sicherer Ort*

Im Zeichen zunehmender ökonomischer, sozialer oder psychischer Unsicherheit erhält die Wohnung eine Funktion des Schutzes.

Die Wohnung muß bezahlbar und vor willkürlicher Kündigung geschützt sein.

In erster Linie muß die Wohnung für die Bewohner im rechtlichen Sinne sicher sein, sie darf nicht Gegenstand von Beliebigkeit marktlicher Verwertung – zum Beispiel wenn Bindungen im sozialen Mietwohnungsbau auslaufen – oder ihre Finanzierung abhängig von Zinsentwicklungen werden. Wenn das Haushaltsbudget einer Familie z.B. wegen Arbeitslosigkeit schmaler wird, und auch noch eine Kündigung wegen des Verkaufs der Wohnung bevorsteht, dann gerät ihre existentielle Grundlage in Gefahr. Das kann auch der Fall sein, wenn die Zinsen für die Abzahlung des Kredits auf eine Eigentumswohnung oder das Haus nicht mehr aufzubringen sind.

Auch die im Laufe des Lebens entstehenden Wünsche nach beruflicher Veränderung sind nur schwer zu erfüllen, wenn allein die hohe Miete eine ganztätige Arbeit und oft zusätzlich die Mitarbeit von mehreren Familienmitgliedern verlangt. Bekannt sind außerdem Probleme von Paaren, die nicht mehr zusammenwohnen wollen, aber wegen der hohen Miete dazu gezwungen sind.

Die Wohnunsicherheit wirkt sich auf Kinder besonders negativ aus. Ihr Befinden wird entscheidend beeinflußt vom Ausmaß der mit der Wohnung verbundenen erfahrbaren Sicherheit. Ist diese Sicherheit bedroht und besteht in der Familie wegen Konflikten das Gefühl der Ausweglosigkeit, so überträgt sich dies alles auf die Kinder.

Aus diesen Gründen müßte der Umwandlung billiger Mietwohnungen in Eigentumswohnungen, besonders, wenn es sich um Wohnungen ehemaliger gemeinnütziger Unternehmungen handelt, in denen noch viele Familien mit niedrigem Einkommen leben, mit den möglichen administrativen Mitteln in den Kommunen begegnet werden. Mit öffentlichen Mitteln geförderte Mietwohnungen sollten einer „ewigen" Bindung unterliegen.

Das Recht auf Heimat

Nicht alle Menschen sind in der Lage, im Strom der gesellschaftlich geforderten Mobilität und Flexibilität mitzuschwimmen. Viele lehnen dies auch ganz bewußt zumindest zeitweise ab oder wünschen im Laufe des Lebens unterschiedliche Formen gesellschaftlicher Teilhabe, zum Beispiel wenn ihre Kinder noch klein sind oder noch zur Schule gehen. Die Struktur der Stadt hingegen wandelt sich permanent durch das Wirken des Marktes. Auch die Wohnungs- und Stadtplanung als ein Versuch, die Kräfte des Marktes im Sinne sozialer Stadtentwicklung zu lenken und eine Balance zwischen Veränderung und Bewährung zu finden, ist oft notwendigerweise auf die Dynamik des räumlich-strukturellen Wandels orientiert. Einzelne Stadtteile werden in erster Linie nach ihrer Funktion für die gesamte Stadt beurteilt, während die Bedürfnisse mancher Bewohner nach behutsamer Veränderung weniger berücksichtigt werden können. Nicht die Tatsache von Veränderung erscheint bedrohlich, sondern die Art und Weise, in der sie vollzogen wird.

Es geht also um mehr als nur das oft geforderte Recht auf eine Wohnung als bloße Behausung, es geht um das Recht auf Immobilität, also das Verbleibenkönnen in einem bestimmten Stadtteil mit einem gewachsenen bekannten Milieu, in dem die einzelnen Identität finden können. Stadtteile, in denen Wandel und Beharrung gleichermaßen Raum finden und erlebt werden können, bieten auch in ihrer ästhetischen Dimension vielfältige Sozialisationsleistungen für Kinder, werden aber oft vordergründiger wirtschaftlicher Prosperität geopfert.

Exkurs: Wohnsicherheit

Bei dem Stichwort „Wohnsicherheit" denkt man meist unvermittelt an die Wohnform des Zur-Miete-Wohnens: Die Familie, die in einer eigenen Wohnung lebt, hat im Durchschnitt nicht nur mehr Platz, sondern erfreut sich einer größeren Wohnsicherheit als die Familie, die in einer Mietwohnung lebt. Letzterer kann es passieren, daß der Wohnungseigentümer Eigenbedarf anmeldet und selbst in die Wohnung einziehen möchte oder daß die Miete so erhöht wird, daß sie in Relation zum Haushaltseinkommen nicht mehr verkraftet werden kann. Dennoch ist Wohnsicherheit nicht nur eine Frage der Wohnform bzw. nur ein ökonomisches Thema, sondern umfaßt auch noch biologische, psychologische und soziale Aspekte.

Eines der existentiellsten menschlichen Bedürfnisse artikuliert sich in dem Streben nach Schutz und Sicherheit vor Gefahren und Bedrohungen, die das eigene Leben gefährden können. Dies wäre die biologische Ebene: das Bedürfnis des Menschen nach körperlicher Unversehrtheit. Die Wohnung soll Schutz bieten vor Klima- und Witterungseinflüssen, sie soll von Lärm und Schadstoffen in der Luft abschirmen.

Das psychologische Bedürfnis nach Sicherheit bezieht sich auf das Bestreben, in einer verläßlichen vorhersagbaren Welt zu leben, in der nicht alles immer wieder aufs Neue geregelt werden muß, sondern in der es eine Ordnung in Form von Verhaltensroutinen und Zeitstrukturen gibt. Das psychologische Sicherheitsbedürfnis hat aber nicht nur eine funktionale Seite, sondern auch eine emotionale: der Mensch möchte seine Identität sichern. Trotz vieler und ständig wechselnder Rollen und einer lebenslangen Entwicklung, die sich in unterschiedlichen Lebensphasen manifestiert, hat der Mensch das Bestreben, sich als gleichbleibend und identisch, als stabiles „Selbst" zu fühlen. Ein Mensch, der ständig woanders lebt und heimatlos ist, kann sich nicht fest verorten. Ihm fehlt die Ortsidentität und damit ein wichtiges Mittel der Identitätsbildung und -sicherung.

Das Bedürfnis nach Vertrautheit und Kontinuität spielt gerade in einer so hochmobilen Gesellschaft wie der unsrigen eine große Rolle. Das Wohnen wird von Gewohnheiten bestimmt, d.h. die Wohnung ist weniger ein Ort, an dem ständig Neues erlebt wird, sondern vielmehr ein solcher, an dem Gewohntes, Alltägliches stattfindet, an dem man sich auch im Dunkeln zurechtfindet, weil alles seinen gewohnten Platz hat. Gewohnheiten, Beständigkeit und Vertrautheit wirken entlastend.

Wohnsicherheit aus sozialer Sicht bezieht sich auf das Bedürfnis nach Geborgenheit und sicheren verläßlichen sozialen Beziehungen. So wie die Wohnung als Ort die Ortsidentität mitbestimmt, so tragen soziale Beziehungen entscheidend zur sozialen Identität eines Menschen bei. Auch sie sind damit ein wichtiges Mittel der Identitätssicherung.

Bis zu dieser Stelle war immer nur von „Menschen" oder „Personen" die Rede, die nach Wohnsicherheit streben. Doch es macht einen Unterschied, ob diese Menschen z.B. erwachsen sind oder nicht. Die ökonomische Seite der Wohnsicherheit betrifft Kinder indirekt, indem sie z.B. die Angst der Eltern vor dem Verlust der Wohnung erleben. Ansonsten ist für jüngere Kinder Wohnsicherheit in erster Linie eine soziale Angelegenheit. Für jüngere Kinder bedeutet Wohnsicherheit emotionale Sicherheit in Form fester verläßlicher Bindungen an Bezugspersonen innerhalb und in Anbindung an die Wohnung auch außerhalb der Familie. Kinder benötigen nicht nur eine Wohnumwelt, in der sie neue Erfahrungen machen können und Neues erproben können, sondern sie brauchen auch Bezugspersonen und die Gemeinschaft anderer Menschen, in der sie sich aufgehoben, geborgen und geliebt fühlen.

Ein gutes soziales Klima in der Familie beinhaltet, daß sich die Familienmitglieder „mögen" und verstehen, daß sie sich gegenseitig unterstützen und fördern, daß sie teilhaben an den Sorgen und Nöten der anderen, daß sie die anderen aber auch teilnehmen lassen an persönlich wichtigen Belangen. Warum es gerechtfertigt ist, auch hier von Wohnsicherheit zu sprechen, läßt sich damit begründen, daß das Familienleben sich weitgehend in Wohnungen abspielt. Wohnungen sind dabei nicht nur ein neutraler Rahmen, sondern sie bestimmen durch ihre Größe, Raumaufteilung, Lage usw. das Familienleben und das Familienklima und so auch die Sicherheitsgefühle des Kindes entscheidend mit. Ungünstige Wohnverhältnisse belasten die Eltern. Gestreßten Eltern fällt es schwer, ein angenehmes und entspanntes Familienleben aufrecht zu erhalten.

Für ältere Kinder und Jugendliche wird auch die psychologische Wohnsicherheit zu einem wichtigen Anliegen. Dies spiegelt sich in dem Wunsch nach einem eigenen Zimmer wieder, der ab dem Schulalter und besonders verstärkt im Jugendalter in Erscheinung tritt. Man möchte sich jetzt ganz bewußt „verorten" können und z.B. durch die individuelle Gestaltung eines eigenen Raums die eigene Identität sichern.

Wohnsicherheit wird zwar in erster Linie mit Wohnungen in Verbindung gebracht, diese Sichtweise greift jedoch ein wenig zu kurz, weil auch Wohnungsumgebungen sicherer oder unsicherer sein können. Sicherheit in Wohnungsumgebungen bezieht sich zum einen auf Verkehrssicherheit und zum

anderen auf öffentliche Sicherheit: Man möchte weder durch einen Verkehrsunfall zu Schaden kommen, noch möchte man z.B. das Opfer eines
Raubüberfalls werden. Menschen wollen körperlich unversehrt bleiben, sich
unbeschwert und sicher fühlen, wenn sie z.b. zu später Stunde durch das
Wohngebiet nach Hause gehen.

Zu Wohnungsumgebungen, die Erwachsene als nicht genügend sicher einschätzen, wird Kindern entweder der Zugang verwehrt oder der Aufenthalt
und die Nutzung der Wohnungsumgebung wird reglementiert, z.B. in der
Weise, daß Kinder auf ihren Wegen begleitet werden – sei es zum Kindergarten, zum Spielplatz oder Sportunterricht. Wenn Wohnungsumgebungen
als nicht sicher genug wahrgenommen werden, hat das zur Folge, daß Kindern zu wenig Autonomie und Eigenständigkeit gewährt wird. Kinder brauchen aber, um sich optimal bis zufriedenstellend entwickeln zu können,
auch Räume, in denen sie auf sich selbst gestellt und selbständig sein können, sowie Räume, in denen sie sich geborgen fühlen und in denen sie emotionale Zuwendung erfahren. Sie brauchen deshalb gesicherte Wohnverhältnisse, zu denen auch sichere Wohnungsumgebungen zurechnen sind.

3.2 Soziale Ziele

Das Standardmodell der Wohnung für eine Familie mit zwei Kindern setzt
einen heute immer weniger vorfindbaren Alltagsablauf voraus: Etwa zur
gleichen Zeit verlassen der Vater und die Kinder morgens die Wohnung,
mittags kehren die Kinder zurück, abends der Vater, die Mutter sorgt für
den Haushalt.

In zunehmend geringerem Maße wird diese Lebensform praktiziert (ver-
gleiche auch Beck/Beck-Gernsheim, Das ganz normale Chaos der Liebe).
Jedes einzelne Familienmitglied hat einen eigenen Terminkalender, der
nicht nach innen auf das Familienmodell gerichtet ist, sondern kommunikative Zusammenhänge liegen oft außerhalb der Familie. Die Arbeitszeiten
verändern sich allenthalben, viele Arbeiten können zu Hause verrichtet werden, Weiterbildung wird unverzichtbar. Frauen suchen nach Arbeitsmög-
lichkeiten neben dem Haushalt. Sie sind es vor allem, die isolierte und stereotype Lebensweisen verändern wollen, neue Wohnformen wünschen und
auch sehr genaue Vorstellungen über die Gestaltung von Wohnungen haben.

Die Wohnung muß vielfältigen individuellen Bedürfnissen entsprechen

Aus diesen Entwicklungen ist eine im Grunde sehr einfache Konsequenz ab-
zuleiten. Erstens sollte jedes Familienmitglied ein Zimmer zur Verfügung
haben, wobei Größe, Lage und Zuschnitt eine sekundäre Rolle spielen, ein
weiteres Zimmer, das aber kein Durchgangszimmer sein darf, sollte für alle

gemeinsam vorhanden sein. Zweitens sollten alle Zimmer etwa gleich groß sein, damit sie für unterschiedliche Zwecke, je nach aktuellem Bedarf genutzt werden können.

Eine solche Wohnraumorganisation kann entscheidend dazu beitragen, daß aufkommende Spannungen innerhalb einer Familie nicht eskalieren, sie bietet allen einen Raum zum Ruhen, zum Empfang individueller Besuche und zum Arbeiten. Eine geschickte Planung zeichnet sich ferner dadurch aus, daß die Wohnung zwei Zugänge hat, damit erwachsen werdende Jugendliche sich freier bewegen können, die Eltern nicht stören, wenn sie Besuch bekommen, spät nach Hause kommen oder überhaupt selbständiger leben wollen.

Zwar findet damit die Individualisierung der Arbeitswelt ihre Erwiderung in der Wohnung, muß aber nicht zur Isolation beitragen, wie die Erfahrungen aus den „alternativen" Wohnprojekten zeigen. Vielmehr wird Vereinsamung durch Beziehungen zu Freunden und Nachbarn überwunden, mit denen durch dieses Wohnmodell Kommunikation nicht nur außerhalb der Wohnung erleichtert wird. Den einzelnen Bewohnern steht es frei, ihren Alltag unterschiedlich zu organisieren, ohne dabei andere zu stören. Diese Nähe und Distanz gleichermaßen ermöglichende Wohnmodell ist nicht allein für Wohngemeinschaften geeignet, sondern sollte auch Grundlage für Familienwohnungen sein.

Die Wohnung muß physischen Schutz und Ruhe bieten

Der Hektik und Geschwindigkeit des Stadtlebens müssen zum Ausgleich Zeiten der Entspannung gegenüberstehen. Kinder sind beim Weg in die Schule oder zum Spielplatz demselben lauten Verkehr ausgesetzt wie Erwachsene, auch sie leiden unter Streß. Umso wichtiger ist es, die Wohnung vor dem Eindringen des Verkehrslärms oder auch den Geräuschen der Nachbarn zu schützen, und dies, ohne ständig die Fenster geschlossen zu halten. Würde dieser Faktor der Wohnsicherheit in dieser Hinsicht ernstgenommen, wären Tausende von Wohnungen unbewohnbar. Und auch viele neue Sozialwohnungen, die oft an weniger guten Standorten errichtet werden, könnten dann in den schlichten Bauformen nicht mehr gebaut werden. Leider nehmen nur wenige Bebauungspläne Rücksicht auf den Schutz der Wohnungen vor Lärmbelästigung und man meint, das Problem mit dicken Fenstern zu beseitigen.

Zur Wohnung gehört die Nachbarschaft

Das alte Wohnmodell ist eine abgeschlossene Einheit. Es beinhaltet strukturell keine Beziehungen zur Nachbarschaft. Wenn in den üblichen Wohnanlagen Kontakte zwischen Nachbarn über das Grüßen hinaus entstehen, dann ist es ein glücklicher Zufall. In dem Maße aber, in dem die familiale Lebensform zerfällt, ihre soziale und psychische Funktion ebenso wie ihre organisatorische verlorengeht, erhalten nachbarschaftliche Beziehungen ein ganz neues Gewicht. Die Bedeutung des Kontakts zu Nachbarn wird neuerdings vor allem wegen der Versorgungsprobleme älterer Menschen diskutiert. Die innovativen Projekte zeigen aber auch, daß gerade Kinder je nach ihrem Alter vielfältige nachbarschaftliche Beziehungen aufbauen und zu nutzen wissen. Sie finden hier neben ihren Eltern weitere Bezugspersonen, lernen soziales Verhalten, erweitern ihre Erfahrungen. Dies ist besonders in Projekten der Fall, die bewußt die Integration unterschiedlicher Wohnformen anstreben, zum Beispiel von jung und alt oder Behinderten, oder in denen Familien zusammen mit Alleinerziehenden oder Singles wohnen.

Berücksichtigt man die Interessen der Kinder, dann weisen die innovativen Projekte noch auf einen weiteren Aspekt hin, der in der Praxis des Wohnungsbaus und der Wohnungsverwaltung nicht vorgesehen ist: das Problem von Trennung und Scheidung. Das gemeinsame Verfügen über den Wohnraum erlaubt hierbei flexiblere pragmatische Lösungen, indem zum Beispiel Wohnungen geteilt, Dachräume oder nicht mehr genutzte Gemeinschaftsräume ausgebaut werden können, damit die Eltern zwar getrennt leben, aber doch in demselben Haus oder Wohnblock bleiben können.

Die Beispiele verdeutlichen, wie wichtig es wäre, wenn die Bewohner – Eigentümer oder Mieter – ihre Nachbarn schon vor dem Einzug in die Wohnungen kennenlernten. Im Prinzip müßten sie das Recht erhalten, beim Bezug der Wohnungen und auch wenn später neue Bewohner einziehen, mitzubestimmen. Diese Forderung stößt in der Regel auf den Widerstand der kommunalen Verwaltung und der Wohnungsämter, da qualitative Aspekte des Wohnens in einer Phase großer Wohnungsnot zweitrangig erscheinen.

3.3 Organisatorische Ziele – Selbstverwaltung und Vereinfachung der Alltagsorganisation

Wohnform – Wohnung und Haus – können existentielle Bedeutung bekommen, wenn die Bewohner (eine Familie, eine sogenannte Wahlverwandtschaft oder eine Wohngruppe) in ein flexibles System von Arbeit oder Ausbildung eingebunden sind, wenn Hausarbeit unter den Einzelnen aufgeteilt wird, wenn eine alleinerziehende Mutter oder ein Vater Haushalt und Arbeit bewältigen muß.

Die Wohnung muß eine einfache Alltagsorganisation erlauben

Die Bewohner der innovativen Wohnprojekte betonen, daß durch die selbstgewählten nachbarschaftlichen Beziehungen und durch die Mitsprache bei

der Organisation des Hauses ein Netz gegenseitiger Hilfen zum Teil ganz
einfacher Art zustandekomme, das den Einzelnen erst die Zeit zu gesell-
schaftlichem Leben außerhalb des Hauses finden ließe, flexible Arbeitsfel-
der besonders für Frauen erschließe und von den Kindern intensiv genutzt
werde. Es handelt sich meist um ganz pragmatische, alltägliche Unterstüt-
zungen, wie zum Beispiel Hausaufgabenhilfen, kostenlose wechselseitige
Betreuung der Kleinkinder, gemeinsame Erledigung der Einkäufe, Blumen-
gießen während des Urlaubs usw. Diese Formen der Nachbarschaftshilfe
können nur auf der Grundlage selbstverwalteter kleinerer Wohnanlagen entstehen.

Formen der Selbstverwaltung, darin sind sich die Bewohner einig, seien
nicht nur aus finanziellen Gründen zweckmäßig, um Geld für den Verwalter
zu sparen, sondern die Hausordnungen und Vereinbarungen z.B. zur In-
standhaltung von Haus und Garten kämen auch den Interessen der einzelnen
Bewohner entgegen (siehe auch Christa Burghardt: Das Problem der Hausordnung).

**Mehreren Wohnungen sollen flexibel nutzbare
Gemeinschaftseinrichtungen zugeordnet sein**

Die Lebensformen in den innovativen Wohnprojekten zeigen, daß Tätigkeiten, denen üblicherweise in der eigenen Wohnung nur mit großem Aufwand
oder oft nur zeitweise genutzt viel Raum gegeben wird, effektiver in Gemeinschaftsräume für mehrere Haushalte verlagert werden können, so zum
Beispiel Waschräume, Spielräume, Hausarbeitsräume usw. Auch die neuen
Funktionen, die auf das Wohnen aufgrund der Zunahme informeller Arbeit,
mehr Freizeit usw. zukommen, benötigen Raum, der individuell gar nicht fi-
nanziert werden kann. Im Laufe der Zeit werden die Gemeinschaftsräume in
den Projektwohnungen unterschiedlich genutzt, und es sind wiederum die
Kinder, die sie sich aneignen. Es ist ersichtlich, daß die Entscheidungen
über die Nutzung der Gemeinschaftsräume in der Verantwortung der Bewohner liegen muß.

3.4 Die Wohnung muß ökologischen Anforderungen genügen

Anders als die großen Bauträger sorgen die Initiatoren „alternativer" Wohnprojekte von sich aus für ökologisches Bauen, denn sie bauen für den eigenen Bedarf. Ökologisch bauen bedeutet nicht nur, ökologische Baustoffe zu
verwenden oder eine ökologisch zweckmäßige Baustruktur zu entwickeln,
sondern die Organisation der einzelnen Haushalte und des Hauses nach
ökologischen Gesichtspunkten zu gestalten. Ein Beispiel dafür ist das gemeinsame Auto mehrerer Haushalte. Wenn so oft die Rede vom „Lernbe-

reich Wohnen" ist, dann ist er hier, in der ökologisch orientierten Haushaltsführung zu finden.

4. Zusammenfassende Folgerungen

Für den Wohnungs- und Städtebau war es notwendig, einen neuen Produkt-
begriff für Wohnung oder Haus einzuführen; die Dimension und die Rich-
tungsvielfalt der gesellschaftlichen Entwicklung gebieten, das Augenmerk
nicht allein auf das Endprodukt Haus, sondern verstärkt auf den Vorgang
seiner Nutzung zu lenken.

Planung der Wohnung und des Hauses

Das hat eine zweifache Bedeutung für die Planung der Wohnung und des
Hauses. Erstens sind von den Architekten offene Baustrukturen hinsichtlich
der Grundrisse und des Erschließungssystems zu verlangen. Es ist auf ko-
stenneutrale Qualität für verschiedene Nutzergruppen und auf Möglichkeiten zur späteren Anpassung an geänderte Wohnbedürfnisse zu achten. Wohnungsbau muß wieder Hausbau werden, das heißt, Wohnungs- und Städtebau sollten wieder vom Haus als strukturbildende Einheit ausgehen. Zweitens müssen Gemeinschaftsräume und Verfügungsräume für soziale und
kommerzielle Nutzungen zum Beispiel in den Erdgeschoßzonen ebenso wie
die Wohnungen gefördert werden.

Damit kann der differenzierten Nachfragestruktur und dem Wunsch vieler
Bewohner, bei Veränderungen in unterschiedlichen Lebensabschnitten nicht
ausziehen oder täglich lange Wegstrecken zurücklegen zu müssen, entsprochen werden. Die flexibel nutzbaren und subventionierten Räume sollen die
Möglichkeit eröffnen, die Vielfalt informeller Arbeitsformen zu fördern.

Stadtplanung bzw. Wohnstandortplanung

Für die Stadtplanung bzw. Wohnstandortplanung bedeutet dies, daß Wohnungsneubau und Stadtplanung nicht getrennt voneinander betrachtet werden. Jedes Projekt sollte auf seine Wirkung und Anforderungen hinsichtlich
seiner Nachbarschaften geprüft werden.

Die nähere Wohnumgebung

Zu analysieren sind die Anforderungen, die die Bewohner an die Wohnum-
gebung stellen, zum Beispiel hinsichtlich der Verkehrssicherheit für ältere
Menschen oder Kinder, der Erreichbarkeit von privaten und öffentlichen
Dienstleistungen usw. (vgl. Antje Flade: Verkehrssicherheit von Kindern).

Damit kann eine Antwort auf die sozialen und sozial-psychologischen Anforderungen gegeben werden. Das geläufige Stichwort dazu lautet „Nachbarschaften". Gegenüber einer grenzenlos erscheinenden Welt der Kommunikation und Mobilität gewinnt die Definition des Wohnviertels eine Neube-
wertung. Der Begriff Heimat erlebt eine Renaissance.

Gegen diese Tendenz stehen die Grundstückspreise, die Bebauungsplane
und andere städtebauliche Rahmenbedingungen. Auch die Form der Woh-
nungsvergabe durch die Wohnungsämter nimmt nur selten Rücksicht auf
bestehende Beziehungen der Bewohner formaler oder informeller Art.

Die Nutzung und Verwaltung

Die Nutzung der Wohnungen oder Häuser sollte in der Verantwortlichkeit
der Bewohner liegen, sofern diese es wünschen. Prinzipiell gibt es keine soziale Gruppe, die nicht in der Lage ist, ihre Bedürfnisse konkret zu äußern.

Die Wohnungsbauunternehmen sollten dezentrale Verwaltungsmodelle
erproben, und somit in ein neues Verhältnis zwischen Mieter und Vermieter
treten.

Damit kann dem Bedeutungsgewinn der Wohnung für viele Menschen angesichts der veränderten Zeitstrukturen entsprochen werden. Auch in bezug
auf die mehr und mehr akzeptierte ökologische Haushaltsführung bieten dezentrale Organisationsformen mehr Chancen für Verantwortlichkeit.

Verfügungsformen und Bauträgerschaft

Projekte, deren Bewohner sich als selbstnutzende Gemeinschaft verstehen
oder deren Eigentümer bereit sind, dauernde ökonomische und soziale Bindungen einzugehen, sind zu unterstützen. Diese Projekte, mit denen keine
spekulativen Wertzuwächse verbunden sind, konstituieren neue Formen der
Bauträgerschaft bzw. die Wiederbelebung von Traditionen. Für die ehemals
gemeinnützigen Wohnungsunternehmen entstehen hier neue soziale Aufgaben. Aber auch der Gedanke des Handelns in kleingenossenschaftlichen Organisationsformen als Bauträger erfährt neue Bedeutung.

Damit kann der Wunsch nach dauerhaft gesicherten Wohnverhältnissen
erfüllt werden. Auch ist hier eine strukturelle Grundlage geboten, den Alltag
einfacher zu organisieren, was besonders von Frauen als Kriterium für
Wohnqualität schlechthin genannt wird. Leider folgt die Wohnungspolitik
diesen Vorstellungen nicht, indem sie etwa die Forderung von derartigen
Qualitätskriterien abhängig machte.

Die Projektierungsform

Wo immer in der Öffentlichkeit ein konkretes Angebot gemacht wird, tritt
ein immenser Bedarf, der freilich in viele Richtungen weist, zutage. Es be-

steht deshalb die Notwendigkeit intermediärer Organisationen mit einer dreifachen Aufgabe. Erstens ist die Trägerschaft im traditionellen Sinn zu organisieren, zweitens soll eine soziale Betreuung durchgeführt werden. Drittens sollen diese Organisationen im kommunalen Bereich selbst wohnpolitisch und im Sinne „kindgerechten", also „menschengerechten" Wohnens tätig sein.

Mit diesen Organisationsformen bietet sich die Möglichkeit, die sektorale und auf ein starres Endprodukt bezogene Planung durch eine kooperative und relativ offene zu ersetzen, um damit den vielfältigen Bedürfnissen von Kindern und Jugendlichen entsprechend ihrem Alter, ihrer sozialen und ethnischen Herkunft gerecht werden zu können.

Monika Kuschel

Bauliches, Grünes und Äußeres
Gestaltung von Haus und Umfeld

1. Allgemeine Planungsgrundsätze

1.1 „Dritte Haut"

Nach der Kleidung, die auch als die „zweite Haut" des Menschen bezeichnet wird, gilt das Haus in dem er wohnt, also die Behausung, als die „dritte Haut" des Menschen. Wie jeder Mensch einzigartig in seiner Art ist und es keinen zweiten gibt, der ihm genau identisch sein kann, so wünscht er sich auch von seiner Behausung, daß sie einmalig sei, ihr ganz eigenes unverwechselbares „Gesicht" trage. Dieses „eigene Gesicht des Hauses" ermöglicht ihm es als „sein Zuhause" zu begreifen, das er lieben kann und für das er Verantwortungsgefühl und Rücksichtnahme entwickeln kann. Gleiches gilt auch für die direkte Umgebung des Hauses, die gesamte Wohnanlage, die anliegenden Straßen, das ganze Viertel.

1.2 Gestaltungsvielfalt und Harmonie

Warum haben die meisten Menschen eine besondere Vorliebe für Altstädte? Was macht alte Stadtkerne so anziehend? Oft galten früher strengere Gestaltungsrichtlinien und -vorschriften als heutzutage. Dennoch ist jedes Haus anders, hat jedes seine eigene persönliche Note, seine eigene Geschichte, die es im Laufe der Zeit gezeichnet haben. Straßenzüge wechseln mit Plätzen, an jeder Ecke begegnet einem was Neues, ohne daß diese Vielfalt unruhig wirkt, den Zusammenhalt verliert. Da die einzelnen Elemente meist nach den gleichen Grundformen gestaltet wurden und auch Rücksicht aufeinander nahmen, wirkt das ganze trotz aller Unterschiedlichkeit harmonisch und als Einheit.

Heute wird allzuoft nur nach dem Innenraum, der inneren Nutzung und der Wirtschaftlichkeit gestaltet. Dem äußeren Erscheinungsbild und besonders der harmonischen Einfügung in die Umgebung wird nur oberflächliche Beachtung geschenkt. Dies führt zu langweiligen, starren und wesenslosen Baukörpern, die in Dissonanz zu der Umgebung treten.

Um wieder zu interessanteren, anziehenderen und insgesamt lebendigeren Behausungen und Lebensorten zurückzufinden, müssen die Gestaltungsvielfalt und der harmonische Zusammenklang der einzelnen Elemente und auch

der gesamten Umgebung zueinander wieder zum obersten Grundsatz der
Planung werden. Daß dies auch im Rahmen hoher Wirtschaftlichkeit möglich ist, haben bereits etliche Modellprojekte bewiesen.

1.3 Menschlicher Maßstab

Im Laufe der Zeit sind verschiedene Maßsysteme entwickelt worden, in denen jedes Maß auf wenigen Grundmaßen oder einem bestimmten Teilungs-
verhältnis aufbaut. Heute bestimmt die Wirtschaftlichkeit die Maßeintei-
lung. Ein harmonisches maßliches Zueinander der einzelnen Bauteile spielt
höchstens eine untergeordnete Rolle und darf der Wirtschaftlichkeit keines-
falls im Wege stehen. Eine Abstimmung auf die menschlichen Sinne findet
aber nicht statt. So wirken hohe Bauten bedrohlich, erschlagend auf den
Menschen. Lange Bauten wirken begrenzend, undurchdringlich; lange gerade Straßenzüge wirken endlos, ziellos; streng rechtwinkelige Anordnungen
wirken starr, kalt.
    Das Hauptgebot für die Planung von Baulichen Anlagen für Menschen
muß der menschliche Maßstab in Höhe, Tiefe und Teilung sein, muß die
Orientierung an den menschlichen Sinnen sein, wie Sichtweite, Hörweite
Erreichbarkeit. Die Sehnsucht nach „Lebensraum" fordert stetes Nebeneinander und Miteinander von Geschlossenheit, Geborgenheit und Weite –
Freiheit, Rückzugsmöglichkeit und Kontakterlebnis.
    Jeder Planer kennt eigentlich diese Grundsätze. Wieso sie dennoch bei
vielen Planungen vergessen scheinen, bleibt zuweilen ein Rätsel.

2. Bauliche Ausgestaltung

2.1 Das Gesicht des Hauses

Jede Einheit um eine Erschließung, also einen Hauszugang, sollte ihr urei-
genes unverwechselbares Gesicht tragen. Dazu gehören:

– die eigene Farbe
– der individuelle Eingang
– der eigene Hausbaum
– der individuelle Sitzplatz
– der eigene Spielbereich

(vgl. Christa Burghardt/Antje Flade: Das Treppenhaus)

Jede Einheit sollte ihre „Kennfarben" haben. Die Fassade in hellem freund-
lichem Farbton, belebt durch farbige Haustür, Fenster, Fensterläden, durch
Faschen um Türen und Fenster. Alles harmonisch aufeinander abgestimmt,

auch unter Einbeziehung einer passenden Begrünung und im Einklang mit den Nachbarbauten und der gesamten Umgebung.

Mit nur geringen Mitteln kann ein individueller Eingang geschaffen werden. Durch unterschiedliche Ausgestaltung der Form oder Attika der Eingangsüberdachung und eine andere Teilung der Eingangstür.

Jedes Haus sollte seinen eigenen „Hausbaum" haben, etwa eines eine Linde, eines eine Akazie, eines eine Kastanie. Darunter ein individueller Sitzplatz der zum Verweilen einlädt und der Kommunikation der Hausbewohner dient. Dem zugeordnet ein kleiner Bereich, wo Kinderspiel möglich ist. Eine kleine Pflasterfläche, eine kleine Sandmulde und ein kleines Stück Wiese, sowie eventuell noch etwas Kies und große Steine und Holzbohlen. Durch gezielte Auswahl der rahmenden Bepflanzung aus möglichst einheimischen Büschen, Stauden und Blumen, kann der Hausvorplatz intimer oder offener gestaltet werden. Zäune oder sonstige festen raumteilenden Einbauten sollten nicht zur Abgrenzung gewählt werden.

Gestaltungs- und Identifikationsmerkmale des Hauses und des Eingangs[*]

Selbstverständlich gehört zu jedem „Haus" auch der eigene äußere Abstellplatz für Fahrräder und Kinderwagen und der eigene Zugang zum eigenen ebenerdigen Abstellraum für diese Verkehrsmittel, wo auch für Kinderfahrzeuge, wie Schiebeauto, Dreirad, Roller und Fahrrad, sowie auch für das Abstellen von Sandspielzeug genügend viel Platz vorhanden sein muß. Dieser Raum kann in das Erdgeschoß integriert oder als Schuppen vor das Ge-

[*]   Die Zeichnungen dieses Beitrags stammen aus: Prinz, Dieter, Städtebau, Band 2: Städtebauliches Gestalten, Stuttgart 1980. Alle Fotos: Monika Kuschel.

bäude gestellt sein. Ein vorgebauter Schuppen kann eventuell der Auflockerung der baulichen Anlage dienen und den Hausvorplatz räumlich fassen.

Die Fassade, also das „Gesicht des Hauses" soll eine in sich geschlossene
Einheit bilden, mit dem möglichst zentralen, also mittigen, Eingang, dem
„Mund", der seine Bewohner einsaugt und wieder freigibt. Es wäre wünschenswert, wenn die Abgrenzung zum „Nachbarhaus" nicht nur farblich,
sondern auch durch einen Vor- bzw. Rücksprung erfolgen würde. Der „Hut"
des Hausgesichtes, das Dach, sollte sich ebenfalls vom Nachbarn unterscheiden. Es kann eine andere Traufhöhe haben, eine andere Firstrichtung,
individuelle Dachgauben oder sonstwie differenziert gestaltet sein.

Fenster sollten sich nicht nur als leere, blicklose, „tote" Augen darstellen,
sondern dem „Gesicht" leben verleihen. Das bedeutet, daß einscheibige
Fenster zumindest mittels farbiger Faschen gefaßt werden. Ein wirklich
„freundliches Hausgesicht" entsteht jedoch erst durch geteilte Fenster. Harmonisch geteilte und harmonisch auf der Fassade verteilte Fenster sind „das
Lächeln des Hausgesichtes". Nicht zuletzt sollen Fenster die Funktion der
hinter ihnen liegenden Räume wiederspiegeln, die Fassade soll „lesbar"
sein. Balkone sollen die Größe der ihnen zugehörigen Wohneinheit erkennen lassen. Massive geschlossene Balkonbrüstungen wirken abwehrend.
Leichte geteilte Brüstungs- und Geländerkonstruktionen, die auch einen
Einblick zulassen, entsprechen eher der Funktion eines Balkones oder einer
Loggia, der Öffnung zum Außenraum, zur Umwelt.

Schon aus ökologischen Gesichtspunkten gehört heute zur Hausgestalt auch eine angemessene Fassadenbegrünung, wobei diese auch als farbliches Gestaltungselement eingesetzt werden kann.

2.2 Gestaltungsvielfalt und Harmonie zur „Belebung" von Gebäuden und baulichen Anlagen

Auch im kostengünstigen Rahmen läßt sich eine differenzierte bauliche Gestaltung verwirklichen, wie wiederholt Experimente bewiesen haben. Durch Auswahl einiger weniger baulicher Grundelemente, die in Material und Maßlichkeit harmonisch aufeinander abgestimmt sind, werden die Einheit der Gesamtanlage gewahrt und die Baukosten niedrig gehalten.

Die Vielfältigkeit im Baugefüge erfolgt mittels

- Höhen- und Tiefenbewegung durch unterschiedliche Geschoßzahl
- unterschiedliche Dachhöhe (mit und ohne Kniestock)
- unterschiedliche Gebäudetiefen
- Vor- und Rücksprüngen in der Fassadenfront
- An- und Vorbauten an die Fassadenfront, wie Balkone, Erker, Loggien, Wintergärten, vorgezogener separater Fahrradabstellraum
- differenzierte Dachgestaltung mittels unterschiedlicher Firstgestaltung, Firstrichtung, Dachgauben, Dachaufbauten, Dachflächenfenster, Sonnenkollektoren
- Fensterelemente in unterschiedlicher Reihung und Verteilung
- Fassadenbegrünung mit und ohne Rankhilfen
- Drehung der Gebäudelinien aus dem Winkel
- Unterschiedlichkeit in Größe und Teilung der einzelnen Gestaltungselemente
- differenzierte harmonische Farbgestaltung
- differenzierte liebevolle Detailgestaltung

Zugrundeliegend soll aber immer die deutliche „Ablesbarkeit" der inneren Nutzung sein. Da die möglichst hohe Mischung unterschiedlicher Wohnungsgrößen und somit auch eine möglichst vielschichtige Nutzerzusammensetzung angestrebt ist, ergibt sich schon von selbst eine Vielfältigkeit der Fassade.

Die Stellung der einzelnen Gebäude einer Anlage zueinander soll nicht nach einem strengen Raster erfolgen, sondern verschiedene Raumgruppen bilden, mit unterschiedlichen Distanzen, in unterschiedlichen Winkelstellungen zueinander. Dabei müssen möglichst optimale Besonnungs- und Belichtungsverhältnisse angestrebt werden. Grundsatz bleibt dabei immer die Harmonie des Gesamtbildes und die harmonische Einfügung in das weitere Umfeld, den Bestand und das Gelände.

3. Das äußere Wohnumfeld
Erschließungszonen – Ruhezonen

3.1 Gestaltungs- und Nutzungsprinzipien

Ein großer Teil unseres Lebens findet auf der Straße statt, mit Wegen zum Einkaufen, zur Arbeit, zu Freunden, zu Kindergarten, Schule und dergleichen mehr. Beim Verlassen der Behausung oder der Rückkehr in dieselbe trifft man am häufigsten auf die anderen Mitbewohner, findet die Kommunikation mit den Nachbarn statt.

Die „Straße als Lebensraum" soll wiederbelebt werden. Die strikte Aus-
grenzung von Verkehr behindert das Erlernen gegenseitiger Rücksichtnahme (vgl. Bernhard Meyer: Leben in der Stadt; Antje Flade: Verkehrssicherheit von Kindern).

Wohnweg – Gliederung mittels verschiedener Bodenbeläge und
Begrünungen

Freiflächen für Kinderspiel, Plätze mit und ohne Sitzmöglichkeiten, sowie
auch ein Pavillon mit Raum für nachbarschaftliches Zusammentreffen, für
das gemeinschaftliche Spielen der Kinder und für mögliche arbeitsteilige
Betreuung mehrerer Kinder, gehören mit in den „Lebensraum" also den nä-
heren verkehrlichen Erschließungsbereich hinein. Hier kann auch in be-
grenztem Rahmen das Fahren und Parken von motorisierten Fahrzeugen gestattet werden, bei entsprechendem wohnstraßengerechtem Verkehrsverhal-
ten. Dabei ist auf eine möglichst geringe Versiegelung der Flächen, also
möglichste Verwendung wasserdurchlässiger Beläge zu achten. Die räumliche Gestaltung soll vorrangig durch gezielten Einsatz von Begrünung und
unterschiedliche Bodenbeläge erfolgen. Massive Elemente sind maßvoll
einzuplanen.
   Die der Erschließungszone abgewandte Gebäudeseite kann dann Ausblick
auf eine möglichst naturnah und abwechslungsreich aber doch harmonisch
gestaltete Grünzone – die sogenannte „Ruhezone" – mit verschieden großen
Baum- und Buschgruppen und Blumenwiesenflächen einheimischer Prä-
gung gewähren.

Freiflächen und Wohnumfeld dürfen nicht mit vorstrukturierten Angeboten überfrachtet werden, sondern sollen die Chance für selbstbestimmte Erfahrungen bieten. Wasser, Bäume, Büsche, differenziertes Gelände (ein Hügel, eine Senke), sollen von den Bewohnern frei, ohne Verbotszonen, in Besitz genommen werden können. Da können Erwachsene und Kinder sich Sonnen, Federball spielen, zu einem Plausch auf der Wiese sich niederlassen. Da können Kinder und Jugendliche auf Bäume klettern, Verstecken, Fangen, Ball spielen, und vielleicht Buden und Staudämme bauen, sowie mit Sand und Matsch allerlei gestalten (vgl. Christa Burghardt: Spielen in der Wohnumwelt).

Bei Interesse kann eine allgemeine Fläche für gärtnerische Bearbeitung zur Verfügung gestellt werden, wofür sich dann eine Interessengemeinschaft bilden kann, die diese Fläche gemeinschaftlich verwaltet und pflegt. Streng parzellierte Mietergärten sowie auch Mietervorgärten sollten nicht angelegt werden, da sie eher das Gegeneinander als das Miteinander fördern und die Gesamtanlage zu sehr räumlich verschneiden würden.

3.2 Gestaltungs- und Materialvorschläge für den Außenraum

Ideal wäre es in jedem Fall die zukünftigen Bewohner an einer solchen Planung zu beteiligen oder gar bei der Ausführung selbst Hand anlegen zu las-

sen. Das fordert das Miteinander und die Annahme der Anlage als ihren eigenen „Wohnaußenraum" sowie mehr Mitverantwortlichkeit und Pflege für diesen Bereich. Der Planer sollte nur verschiedene Möglichkeiten aufzeigen und beratend wirken.

Für die „Erschließungszone" benötigt man feste Bodenbeläge. Dabei sollte jeweils ein bestimmtes Material – auch in Bezug auf die Farbwahl – einer bestimmten Funktion zugeordnet werden. Kopfsteinpflaster z.B. eignet sich nur für die Fahrgasse für Kraftfahrzeuge oder als schmaler Trenn- und optischer Unterteilungsstreifen, für Fuß- und Radwegbereiche ist es zu holprig und unfallträchtig. Wo kann man besonders glatten Plattenbelag mit geringem Fugenanteil – optimal zum Rollschuhlaufen – einplanen, wo große rutschfeste Platten, die sich für „Himmel und Hölle-Spiel" eignen.

Nischen sollen dem Raum auflockern und zum Fahrrad-, Dreiradabstellen dienen, zum Verweilen und Sitzen, zum Spielen oder Zusammenstehen zum Tratschen. Zwei im rechten Winkel zueinander angeordnete Bänke sind stets einer einzeln aufgestellter Bank vorzuziehen. Auch hochgezogene

Baumscheiben mit einer breiten Umrandung, z.B. aus einer Holzbohle, können zum Verweilen einladen. Straßenpoller sollten nur da angebracht werden, wo sie unbedingt zur Verhinderung der Beparkung notwendig sind.

Der „Nachbarschaftstreff", also der Pavillon in dem die gemeinschaftlichen
Aktivitäten stattfinden sollen, kann sowohl der Erschließungszone sowie der
Ruhe- und Grünzone zugeordnet sein. Je nach den örtlichen räumlichen Ge-
gebenheiten oder auch der Bewohnerstruktur. Es sollte ein offener überdachter Bereich angegliedert sein. Materialwahl, Farbigkeit und Befenste-
rung sind auf eine möglichst leichte, offene, einladende Wirkung abzustim-
men.

Angrenzend oder in kurzläufiger Entfernung ist ein größere Fläche, befestigt oder unbefestigt, vorzusehen, wo Feste stattfinden können, wo auch
gegrillt werden kann, wo sich eben eine größere Anzahl von Leuten zu-
sammenfinden kann. Daran anschließend oder jedenfalls von hier oder/und
dem Pavillon aus einsehbar liegt auch ein größerer Spielbereich günstig.
Spielgeräte sollten nur sehr maßvoll einplant werden, möglichst multifunk-
tional nutzbar sein und harmonisch mit Hilfe von Geländemodellierung und
Begrünung in den Gesamtbereich eingefügt werden. Eingestreut sollten feste, als Stufe ausgebildete Rahmungen und auch aus Einzelelementen bestehende Gruppen, aus Felsbrocken oder Baumstümpfen, zu jeder Jahreszeit
zum Sitzen zur Verfügung stehen. Im Sommer sollen diese durch lose Ob-
jekte ergänzt werden. Bei bewegterem Gelände könnte eine Art Amphithea-
ter, auch nur als Viertel- oder Halbkreis und zu den übrigen Seiten offen,
nur die Stufenkanten mittels Fels, Ziegel oder Holzbohlen befestigt, für
vielfältige Aktivitäten genutzt werden.

Zur Abrundung des Ganzen fehlt dann nur noch das Element Wasser in Form eines Teiches oder Wasserbeckens, eines Wasserlaufes, evtl. in Terrassen angelegt, oder einer Wasserrinne die in einem Sand und Kiesbett versickert. Hinzu, maßvoll eingesetzt, die entsprechenden Feuchtgebietspflanzen.

Im Bereich der „Ruhe- und Grünzone" müssen die Wandel- und Spielwege nicht unbedingt feste Beläge aufweisen. Weiche Beläge, z.B. aus dicker Baumrindenpackung, oder in Feucht- und Matschbereichen Wegebefestigungen aus Rundhölzern und Platzbefestigungen aus Holzpaletten, bieten vielfältige Geherlebnisse. Für einen Hauptweg kann ein wassergebundener Belag gewählt werden. Bei Kieswegen muß auf möglichst runde nicht zu kleine Steine geachtet werden. Scharfkantiger Kies oder gar Splitt kann bei Sturz zu bösen Wunden führen.

Für die Grünflächen ist eine Blumenwiesenmischung zu wählen, die nur
zweimal im Jahr abgemäht wird. In die Buschgruppen können z.B. Johan-
nisbeersträucher oder Lavendel integriert werden. Für die Unterholzbepflan-
zung eignen sich auch besonders Walderdbeeren, gleichermaßen zur Freude
von Kindern und Erwachsenen. Ebenso lassen sich Kamille und Schnitt-
lauch und viele andere Kräuter gut in die Begrünung einfügen. Bei der
Baumauswahl sollte auch an Bäume mit niedrigem Astansatz gedacht werden, zum Klettern und evtl. auch Baumhausbau. Und nicht zuletzt sollten
Obstbäume in keiner Anlage fehlen, z.B. Kirschbäume, werden die Kir-
schen nicht abgepflückt, können die Vögel sie fressen.

Schönheit, Erlebnis und Nutzen von Bäumen

ALS BLICKPUNKT   SCHUTZDACH   KLETTERBAUM   GEBORGENER ORT   OBSTBAUM

Christa Burghardt

Spielen in der Wohnumwelt

Das Spielen der Kinder in der Wohnumwelt vollzieht sich auf allen Flächen der hausnahen Umgebung, egal ob sie dafür im ureigensten Sinne angelegt wurden oder nicht. Für Kinder sind diese Flächen ganz selbstverständliche Spielplätze, die sie nach eigenem Gutdünken nutzen wollen.

Erwachsene sehen das jedoch teilweise anders, und so hat sich eine Begrifflichkeit entwickelt, die den Spielplatz als einen eng umschlossenen Raum bezeichnet, in dem mittels Sandkasten und diverser Spielgeräte gespielt wird. Auch in der pädagogischen Diskussion wird unterschieden zwischen den ,Spielplätzen' als künstlich angelegtes Areal für Kinder und den ,Plätzen zum Spielen', zu denen jene Flächen gezählt werden, denen eine andere Funktion zugedacht wurde (Wäscheplatz, Parkplatz, Garagenhof usw.) oder die scheinbar funktionslos sind (Baulücke, Brachland, Wildnis usf.).

Kinder halten sich mit solchen Begrifflichkeiten nicht auf. Für sie ist jedes Fleckchen Erde Spielplatz, auch wenn das von den meisten Erwachsenen anders gesehen wird.

Die moderne Stadtplanung hat die kindlichen Spielmöglichkeiten immer mehr auf Spielplätze verlagert und aus den natürlichen Lebensräumen verdrängt.

Solange keine offiziellen Spielplätze bestanden, konnten Kinder überall dort spielen, wo sie sich gerade aufhielten: auf der Wiese, dem Hof, dem Bürgersteig, der Straße usw. Durch die spezielle Errichtung von Spielplätzen verschob sich jedoch allmählich das Verständnis, daß Kinder auf allen vorhandenen Freiflächen spielen dürfen. In zunehmendem Maße wurden sie auf die sogenannten Spielplätze verwiesen, die als künstliche Spielareale zu betrachten sind. So wurden Spielplätze im Laufe der Zeit zu Orten, an denen nicht im Sinne einer Ergänzung gespielt werden *konnte*, sondern sie wurden zunehmend zu Arealen, an denen fast ausschließlich gespielt werden *sollte*.

Alle anderen, bisher selbstverständlichen Spielflächen von Kindern wurden allmählich eingeschränkt:

- Die Wiese vor dem Haus wurde zur nicht betretbaren Augenweide von Erwachsenen.
- Der Hof wurde zum primären Aufenthaltsort von Mülltonnen und Autos.
- Der Bürgersteig wurde zum halblegitimen Platz für parkende Autos.
- Die Straße wurde zur alleinigen Domäne der Autos, die selbst in reinen Wohngebieten rasend fortbewegt werden, so daß ein zeitweises Spielen auf ruhigen Straßen unmöglich und zu einem lebensgefährlichen Unterfangen geworden ist.

Doch ebenso, wie das kindliche Spiel sich innerhalb der Wohnung nicht auf die wenigen Quadratmeter des Kinderzimmers beschränken läßt, läßt es sich außerhalb des Wohnhauses auch nicht ausschließlich auf Spielplätze verbannen, denn Kinder wollen nach wie vor dort spielen, wo sie sich gerade befinden. Das bedeutet, daß Gehwege, Wiesen, Grünanlagen, Garagenhöfe und andere Freiflächen zwangsläufig Spielorte von Kindern sind und als solche von den Erwachsenen anerkannt werden müssen. Dieses fällt vielen jedoch schwer.

Aufgrund der funktionellen Planung eines Wohnhauses bzw. einer Wohnsiedlung in exakt abgesteckte Bereiche (Hausbereich, Gehweg, Autoabstellflächen, Spielplatz etc.) wird ein funktionelles und formelles Denken begünstigt, das die „Fremdnutzung" vorbestimmter Bereiche gedanklich und praktisch kaum zuläßt.

Nichtsdestotrotz erobern sich Kinder die Freiflächen in ihrer Wohnsiedlung auch gegen den Wunsch der Erwachsenen immer wieder zurück. Verantwortliche Eltern, NachbarInnen, HausbesitzerInnen, PädagogInnen usw. sollten sie dabei unterstützen, indem sie gemeinsam mit den Kindern dafür eintreten, verlorengegangene Lebensräume wieder bespielbar zu machen. Dieses kann geschehen durch

- die Aufhebung eines Spielverbotes auf dem Hof oder der Wiese, das in vielen Hausordnungen noch festgeschrieben ist,
- Entfernen der Zäune um Grünanlagen,
- Zurverfügungstellung von Freiflächen, Brachland, Wildnis und Baulükken,
- Umgestaltung von Freiflächen zu Lebens- und Erfahrungsräumen (z.B. durch Hinterhofbegrünung, Öffnung von Gärten und Vorgärten etc.),
- Wohnumfeldverbesserungsmaßnahmen, die von den Kommunen durchgeführt werden,
- Tempo 30-Zonen,
- Spielstraßen usw.

Die Bundesrepublik Deutschland ist mit Sicherheit nicht das kinderreichste, vermutlich jedoch das spielplatzreichste Land der Welt.

Die Vielzahl der Spielplätze könnte ein Hinweis darauf sein, daß unsere Gesellschaft in besonderem Maße kinderfreundlich ist, denn selbst in den ebenfalls reichen europäischen Nachbarstaaten und den USA gibt es wahrscheinlich nicht so viele Spielplätze wie bei uns. Bei näherer Betrachtung kommt jedoch zum Vorschein, daß diese Kinderfreundlichkeit Tendenzen in sich birgt, die als kinderfeindlich bezeichnet werden müssen. Denn allzuoft werden Kinder auf Spielplätze verwiesen, wenn ihr Spiel an anderen Orten als störend empfunden wird. Der vorhandene Spielplatz dient in diesen Fällen als Alibi dafür, andere Spielorte nicht als selbstverständliche Plätze zum Spielen zu akzeptieren. Insofern entpuppt sich die gesellschaftliche Errungenschaft der Spielplätze bei näherer Betrachtung als Bumerang, der in erster Linie die Kinder trifft. Weil anscheinend nur noch die Spielplätze anerkannte Spielorte sind, werden die Kinder in „ihre" Ghettos komplimentiert. Überall sonst will „man" seine Ruhe haben.

Wer diese Entwicklung aufmerksam beobachtet, kommt nicht umhin, sich mit dem Pro und Kontra der Errichtung von Spielplätzen auseinanderzusetzen.

Durch die Tendenz, daß die Familien sich immer stärker zur isolierten Kleinstfamilie entwickelt haben, erhalten alle außerfamiliären Kommunikations- und Kontaktstätten einen besonderen Stellenwert. Durch sie hat die Familie die Chance, außerhalb des eigenen Lebensbereiches Beziehungen einzugehen, die sowohl von den Kindern als auch von den Erwachsenen dringend gebraucht werden.

Spielplätze sind Orte der sozialen Begegnung. Da sie vielen Wohnsiedlungen angegliedert sind, werden sie durch ihre häusliche Nähe zu wichtigen Treffpunkten für Kinder, aber auch für deren Eltern. Sie können spontan und zwanglos aufgesucht werden. Ihre Besuche stellen keine hohen Ansprüche und keine besonderen Vorbereitungen oder Verpflichtungen an die BenutzerInnen. Spielplätze laden zum Verweilen und Ausruhen, zum Toben und Agieren ein, gerade wie es beliebt. Oft lernen Kinder aus der engeren und weiteren Nachbarschaft sich erst hier kennen. Freundschaften entstehen und dehnen sich manchmal auf die gesamte Familie aus. So gesehen ist der Spielplatz eine bedeutende soziale Kontaktstelle, auf dem mehr möglich ist als Spielen.

Das vorhandene flächendeckende Netz von Spielplätzen in den einzelnen Stadtteilen, das fast jede Wohnsiedlung erreicht, muß als soziale Errungenschaft anerkannt werden. Es entstand zu einer Zeit, in der die immer enger werdende Siedlungsplanung (insbesondere der Nachkriegszeit und der 60er Jahre) kaum noch Freiflächen zum Spielen übrigließ. Als Ausweg wurde eine gutgemeinte Lösung gefunden. In jeder Neubausiedlung mußte laut gesetzlicher Bestimmung ein Spielplatz angelegt werden. Damit sollte verhindert werden, daß für die Kinder kein Platz zum Spielen mehr bleibt.

Etwa in den 70er Jahren haben die einzelnen Bundesländer über ihre Landesbauordnungen festgelegt, daß Spielplätze nicht nur in Wohnsiedlungen errichtet werden müssen. Bei Neubaumaßnahmen ist sogar für jedes Haus,

das mehr als zwei bis drei Wohnungen ausweist, die Errichtung eines Spielplatzes vorgeschrieben.[25] Dieser Spielplatz darf nicht nach eigenem Gutdünken der WohnhausbesitzerInnen (= SpielplatzbesitzerInnen) ausgestattet
werden, sondern muß den gesetzlichen Standards entsprechen, die vom
Deutschen Städtetag festgelegt wurden. (Es handelt sich hierbei um die DIN
18034, die die Kriterien über Größe, Ausstattung usw. regelt, während die
DIN 17029 die Sicherheitsvorschriften über Spielgeräte beinhaltet).

So sind in unserer modernen Industrienation Spielplätze ein selbstver-
ständlicher Bestandteil des urbanen Gefüges geworden, auf den Kinder
einen Anspruch haben. Ohne diesen Anspruch wäre die städtische Bebauung
so weit fortgeschritten, daß Kinder darin kaum noch einen Platz zum Spielen fänden.

Die Errichtung der herkömmlichen Spielplätze muß nicht nur aus dem bereits angedeuteten Status eines Spielghettos für Kinder kritisch betrachtet
werden. Wer sich die Mühe macht, darüber nachzudenken, welche ,Spiel‘-
plätze es sind, die als Alternative zu allen anderen, freigewählten Spielorten
angeboten werden, der wird feststellen, daß es sich in der Regel um Spielanlagen handelt, deren Großteil qualitativen Maßstäben nicht standhält.

Die vielen engen Plätze sind oft schlecht ausgestattet und werden vielfach
ebenso schlecht gewartet. Zudem spiegeln sie in gewissem Maße den engen
Rahmen unserer Gesellschaft wieder, der für Kinder im allgemeinen noch
einengender ist als für Erwachsene. Es beginnt damit, daß Kinder auf
,ihren‘ Plätzen nicht uneingeschränkt spielen dürfen und zwar

- weder wann sie wollen,
- noch was sie wollen,
- noch so laut sie wollen,

dafür sorgen die allgegenwärtigen „Benutzungsschilder“, die zum Beispiel
die Spielzeiten einschränken, die das Ballspielen verbieten, die zur Ruhe
mahnen, die nur Kinder eines bestimmten Alters zulassen (Kinder ab 10-12
Jahre werden beispielsweise vom Besuch eines Spielplatzes oft ausgeschlossen) usw.

Hinzu kommt, daß nicht nur die kleinen Plätze, sondern auch größere mit
sehr wenigen Spielmöglichkeiten ausgestattet sind. Sie bestehen überwiegend aus vorgefertigten Spielgeräten, die sich in kaum abgewandelter Form
auf jedem Spielplatz wiederholen: Rutschen, Klettern, Schaukeln, Balancie-
ren und Hangeln sind die vorherrschenden Funktionen, die die bereitstehen-
den Geräte zu bieten haben, egal, in welcher Ausstattung sie auch bereitste-
hen. Zusammen mit einem Sandkasten ergeben sie das ,Strickmuster‘ für einen Spielplatz. Diese Gerätearchitektur ist monoton und wenig phantasiean-

---

25 Die Landesbauordnungen der einzelnen Länder weichen in diesem Punkt nur geringfügig
    voneinander ab.

regend, weil sie die Spielfunktionen (bzw. Sportfunktionen!) zu sehr fest-
legt.

Diese Kritik bezieht sich übrigens nicht nur auf die alten Spielplätze, die
in der Vergangenheit vorzugsweise mit lieblosen Eisengeräten bestückt
wurden (die übrigens in den 20er Jahren erstmalig auf den Markt kamen und
sich bis heute in unveränderter Form hielten), sondern sie gilt auch für die
freundlicheren Geräte aus Holz, die das Spielverhalten der Kinder ebenfalls
in vorgegebener Weise festlegen und folglich die Phantasie einschränken.

Spielplätze im klassischen Sinne tragen aber selbst bei „guter" Ausstattung dazu bei, daß sich die bestehenden, reglementierten Spielplätze im
Freien manifestieren. Wer diesen Zustand durchbrechen will, müßte sich eigentlich dafür einsetzen, daß alle Spielplätze abgeschafft werden. Damit er-
gäbe sich eine völlig neue Situation, die den Kindern einen größeren Freiraum für ihr Spiel ließe, weil es tatsächlich keine festgelegten Spielräume
mehr gäbe. Folglich könnten sich die Kinder Flächen zum Spiel aneignen,
die ihnen heute noch verweigert werden. Die Forderung: „Geh doch auf den
Spielplatz und laß uns hier in Ruhe" entfiele von selbst.

Wenn das Vertrauen in unsere Gesellschaft gerechtfertigt wäre, daß mit
der Abschaffung von Spielplätzen gleichzeitig eine allseitige Akzeptanz der
Kinder einhergehen würde und sie ihr Spiel überall dort ausüben könnten,
wo sich Platz dafür findet und keine einkalkulierbaren Gefahren vorhanden
sind, würde dies für die Auflösung von Spielplätzen ein vernünftiges Argument sein. Doch Zweifel sind mehr als berechtigt und daher erscheint die
Forderung in idealer Hinsicht sinnvoll, in realer Hinsicht jedoch nicht sinnvoll.

Wie bereits beschrieben sind die vorhandenen Freiflächen in Wohngebieten sehr eng bemessen.

Der wenige Platz, den eine abgegrenzte Spielfläche einnimmt, ist propor-
tional so klein, daß durch eine Auflösung die hinzu gewonnene Fläche keine
echte Erweiterung der Freifläche darstellt. Außer einer geringen Vergröße-
rung eines Rasenstückes würde sich wahrscheinlich nicht viel entwickeln.
Auch eine Auflösung der größeren Spielanlagen würde höchst wahrscheinlich nicht dazu führen, daß sich in diesem freigewordenen Brachland z.B.
eine Wildnis entwickeln könnte, die von den Kindern phantasievoll erobert
und gestaltet werden dürfte. Vielmehr besteht die Gefahr, daß die alte Spielfläche eingesät und zu einem weiteren, monotonen Rasenstück verkommen
würde, das nur dazu bestimmt zu sein scheint, die Abstandsfläche zwischen
den Wohnhäusern „grün" zu gestalten. Schlimmstenfalls könnte durch den
Wegfall eines Spielplatzes der Häuserabstand so groß geworden sein, daß
das Baurecht eine zusätzliche Bebauung zwischen den Häusern zulassen
würde. Welcher private Hausbesitzer, aber auch welche Wohnungsgesellschaft oder Kommune ließe sich diese neue profitable Möglichkeit schon
entgehen?

Wenn man heute aus dem Dilemma der bestehenden Spielplatzsituation
herauskommen will, so müssen andere Wege gegangen werden. Eine Chance sehe ich in der ‚Öffnung‘ der Plätze und in dem weitgehenden Verfügungsrecht der BenutzerInnen. Eine Öffnung der Plätze bedeutet, daß dort
die Zäune weggeräumt werden, wo sie unnötig sind, also nicht zum Gefah-
renschutz dienen. Das ist beispielsweise auf Spielplätzen der Fall, die auf
großen Wiesen mittig angelegt wurden. Da sie nicht unmittelbar an Straßen
angrenzen, sind umgrenzende Zäune oder undurchdringliches (mauerarti-
ges) Buschwerk vom Gefahrenstandpunkt aus nicht notwendig; vom Gesichtspunkt der Lebensraumerweiterung ist eine Entfernung der Zäune und
Auflockerung der Bepflanzung sogar angebracht.

Ein Verfügungsrecht über Spielplätze gibt es heute nur in sehr einge-
schränkter Form, wie bereits am Beispiel der Benutzungsschilder beschrieben wurde. Ein *echtes* Verfügungsrecht würde bedeuten, daß Kinder, aber
auch Jugendliche und Erwachsene, die ich hier nicht ausklammern möchte,
den Spielplatz so nutzen, wie sie es wollen. Sie bräuchten sich nicht mit der
vorhandenen Situation abzufinden und müßten den Platz nicht so bespielen,
wie es allgemein erwartet wird, sondern könnten selbst aktiv werden, verändern usw. Der Spielplatz wäre wandelbar und böte ein ständig neues Bild,
das den derzeitigen BenutzerInnen entsprechen würde. Der Verfügungsge-
danke beinhaltet außerdem, daß – unabhängig von der täglichen Inanspruchnahme – die BesucherInnen des Platzes ein Mitentscheidungsrecht hätten,
wenn es um die Planung, Gestaltung und Ausführung eines neu einzurich-
tenden oder sanierungsbedürftigen Spielplatzes ginge.

Trotz der Öffnung und des Verfügungsrechtes würden Spielplätze zwar
immer noch künstlich angelegte Spielanlagen bleiben, sie würden jedoch
kein streng abgezirkeltes Flickwerk innerhalb der natürlichen Spielorte der
hausnahen Wohnumwelt darstellen, sondern aufgrund der individuellen Benutzbarkeit und Inanspruchnahme eine echte Bereicherung sein.

1. Empfehlungen für die Errichtung von Spielplätzen

Wenn Spielplätze errichtet werden sollen, dann sollten folgende Gesichtspunkte beachtet werden:

Grundüberlegungen:

- Ein Spielplatz sollte grundsätzlich nicht *für* Kinder geplant werden, sondern *mit* ihnen.
- Er sollte nicht als Alibi für Spielverbote in der hausnahen Umgebung genutzt werden.

- Der Spielplatz sollte in die hausnahe Wohnanlage eingebettet werden. Das ist besonders dann gut zu realisieren, wenn er nicht als eng abgeschlossener Raum geplant wird, sondern möglichst offen zugänglich ist. Das bedeutet, daß es nur dort Umzäunungen gibt, wo Gefahren lauern (z.b. an einer Straße).
- Keine Altersgruppe darf ausgegrenzt werden. Der Spielplatz muß für alle Generationen (also auch Jugendliche und Erwachsene) offen sein. Daher sollten auch die Bedürfnisse Älterer berücksichtigt werden.
- Für die öffentlichen Spielplätze der Kommune muß ein pädagogisches Gesamtkonzept bestehen, das eine Vielfalt von Spielplätzen sowohl qualitativ als auch quantitativ bereithält. Dabei können viele Spielplatzideen zum Tragen kommen. Vorhandene Freiflächen sind miteinzubeziehen. Ungenutztes Brachland ist begehbar zu machen.

Gestaltung:

- Jeder Platz sollte einen eigenen Charakter haben, also möglichst individuell und nicht kopierbar sein. Unkonventionelle Spielideen lassen sich durchaus mit den bestehenden Sicherheitsvorschriften vereinbaren.
- Es sollten nach Möglichkeit wenig gestalterische Aspekte vorgegeben werden.
- Damit der Spielplatz phantasievoll genutzt werden kann, sollten Elemente der sinnlichen Wahrnehmung berücksichtigt werden, z.B. duftende Grünpflanzen, Pflanzentunnel, harmonische Spielbereichsgestaltungen usw.
- Der Spielplatz sollte eine abwechslungsreiche Topographie haben (Abkehr von plattgewalzten Spielflächen), weil sie bereits viele Spielanregungen in sich birgt, ohne auf Spielgeräte zurückgreifen zu müssen. Dieses kann in Neubaugebieten dadurch erreicht werden, daß der Aushub der Baugruben mitverwendet wird (Kostenersparnis, weil Abtransport- und Entsorgungskosten entfallen).
- Größere Spielanlagen sollten in verschiedene Spielbereiche gegliedert werden, beispielsweise in einen Sand- und Matschbereich, in Ruhezonen, Kommunikationsecken, Bereich für großflächige Spiele usw.

Ausstattung:

- Ein Spielplatz sollte über möglichst viele Spielelemente verfügen, die das Spiel nicht vorschreiben, sondern lediglich anregen. So kann es sich selbstbestimmt und phantasievoll entwickeln. Das kann erreicht werden durch
  - natürliches Spielmaterial (Baumstämme, große Steine, Felsbrokken ...),
  - nutzungsoffene Kulissen (angedeutete Tribünen, Mauerumrisse, Arenen ...)
  - multifunktionale Spielgeräte (z.B. Kombinationsgeräte),

  - variabel einsetzbare Spielgeräte („Bewegungsbaustelle'),
  - loses Material (Hölzer, Kisten, Autoreifen, Kartons, alte Töpfe,
    Schaufeln, ungefährliches Abfallmaterial) usw.

- Wenn herkömmliche Spielgeräte verwendet werden, dann ist es sinnvoll,
  verschiedene Geräte mit unterschiedlichen Funktionen (Klettern, Schaukeln, Hangeln) aufzustellen. Leider ist das nicht immer der Fall, so daß
  eine einzige Funktion den Spielplatz überfrachtet, selbst wenn eine Vielzahl an Geräten vorhanden sind (Was nutzt es, wenn beispielsweise doch
  nur immer geklettert werden kann?).

Zeichnung: Natalie Jürgens

- Es ist wünschenswert, daß die vier Grundelemente im Spiel erfahrbar für
  Kinder sind. Daher sollten sie mit in die Planung einbezogen werden:

  - Sand: Er ist auf den meisten Plätzen vorhanden.
  - Wasser: Es befindet sich auf maximal 3% aller Spielplätze und könn-
    te durch Pumpe, Brunnen, Trinkwasserquelle, Bachlauf, Teich oder

Wasserspiel zur Verfügung stehen. Als Selbsthilfemaßnahme kann Wasser in Eimern mitgenommen werden. Eventuell läßt sich ein Gartenschlauch und/oder eine Gartendusche installieren.

– Feuer: Feuerstellen kommen höchstens in größeren Freizeitanlagen vor. Sie könnten (zum Beispiel ausreichend abgesichert durch ein Mäuerchen) auf Spielplätzen eingerichtet werden, damit Kinder in diesem Schonraum Erfahrungen sammeln können.

– Luft: Sie könnte durch Wetterfahne, Windrad oder Wetterhahn erfahrbar gemacht werden.

• Große Spielanlagen, deren Einzugsgebiet über den Stadtteil hinaus geht, sollten über Toiletteneinrichtungen verfügen, denn diese Plätze werden in hohem Maße von Kindern und Erwachsenen frequentiert, die teilweise von sehr weit her kommen, so daß für dieses menschliche Bedürfnis eine angemessene Lösung gefunden werden muß.

Grünanlagen:

• Die Grünanlagen eines Spielplatzes (Wiese, Büsche, Bäume, Wildnis) sollten grundsätzlich genutzt werden dürfen. Ein Betretungsverbot darf es nicht geben.

• Jeder Spielplatz sollte über ausreichende Schattenspender verfügen. Hierzu eignen sich z.B. Bäume, Sträucher, Mauern oder eine Pergola. Zur Selbsthilfe können Sonnenschirme oder Sonnensegel mitgebracht werden. Wünschenswert wäre auch eine teilweise Überdachung, die Schutz vor Regen bieten könnte.

• Bei der Bepflanzung sollten nicht nur die typischen Pflanzen einer Außenanlage verwendet werden, sondern beispielsweise auch Obstbäume (wegen der Wespengefahr jedoch möglichst nicht nahe an Spielgeräten und Sandkästen), Zierkürbis, Wilderdbeeren usw. Es versteht sich von selbst, daß keine giftigen, aber auch keine stacheligen Pflanzen wie beispielsweise Weißdorn, Feuerdorn etc. auf den Spielplatz gehören.

Sicherheit:

• Ein Spielplatz muß alle Sicherheitsstandards erfüllen, damit keine unnötigen Gefahren vorhanden sind. Dazu gehört:

– Sichere, intakte Spielgeräte (Vermeidung von Unfallgefahren),
– Straßenabsicherung (Vermeidung von Verkehrsunfällen),
– keine Gesundheitsgefährdung durch giftige Pflanzen,
– regelmäßiger (jährlicher) Sandaustausch wegen Verunreinigung durch Hunde- und Katzenkot, Glasscherben etc.,
– keine Umweltgefahren durch Bodenbelastung, Holzschutzmittel an Zäunen und Spielgeräten
– regelmäßige Kontrolle und Wartung des Platzes usw.

- Die Atmosphäre eines Spielplatzes muß angenehm und frei von Angstzonen sein. Das kann erreicht werden durch die Einhaltung folgender
  Regeln:

  - Nischen und Ecken sind übersichtlich (z.B. niedrig).
  - Der Platz ist leicht zugänglich (keine unnötigen Schranken und Bar-
    rieren.
  - Die Wege sind breit und gut ausgeleuchtet (Fluchtwege).
  - Es besteht eine soziale Kontrolle (z.B. durch nachbarschaftliche Nä-
    he zu Wohnhäusern) usw.

Benutzung:

- Es sollte keine Gebots- und Verbotsschilder geben, wie z.B. „Ballspielen
  verboten", „Zutritt nur für Kinder bis 10 Jahre" usw. Gerade eine Aus-
  grenzung von Kindern eines bestimmten Alters verhindert eine gegenseitige Rücksichtnahme, weil sich die Altersgruppen nicht mehr begegnen.
  Außerdem bietet sich für ältere Kinder ab 12 Jahren fast nirgends alters-
  gemäße Spielgelegenheit, da die Befürchtung der Spielplatzträger besteht, daß bei unzureichender Ausführung der entsprechende Versiche-
  rungsschutz entfällt. Diese Angst ist jedoch unbegründet, wenn die Ausführungen sich an die Bestimmungen der DIN 17029 halten.

Ein ‚guter' Spielplatz muß nicht zwangsläufig viel kosten. Sein Spielwert
richtet sich nicht nach seinem Anschaffungspreis, sondern nach seiner Idee
und der Möglichkeit, ihn uneingeschränkt in Besitz nehmen zu können.

Alternativen zu herkömmlichen Spielplätzen

Eine Reaktion auf die desolate Spielplatzsituation zeichnete sich Anfang der
70er Jahre durch die Gründung vieler Elterninitiativen ab. Sie kämpften
nicht nur für die Errichtung neuer, beziehungsweise für die Verbesserung
bestehender Spielplätze, sondern setzten sich sehr stark für Alternativen ein.
Abenteuer- und Bauspielplätze, Spielmobile usw. schienen die Lösung aus
dem Dilemma zu sein.

Spielplatzinitiativen gab es im gesamten Bundesgebiet. Im Bereich der
herkömmlichen Spielplatzkonzepte bewirkten sie, daß viele Kommunen ihren Forderungen nachgaben. So wurden zahlreiche bestehende Plätze saniert
bzw. neu angelegt. Dieses geschah oftmals durch die aktive Beteiligung der
Selbsthilfegruppen. Das Elternengagement hatte zur Folge, daß PolitikerInnen
und Verwaltung sich in die Verantwortung genommen sahen und die
bestehende Spielplatzsituation sensibler betrachteten. Der öffentliche Spiel-
platzbestand wurde gesichtet. Auf dieser Basis wurden erstmalig Spielplatz-

bedarfspläne durch die Jugendämter erstellt, wie es (etwa zeitgleich) auch von den neuen Landesbauordnungen vorgeschrieben wurde. Daraus ergab sich, daß die Kommunen ab diesem Zeitpunkt – ihrer Verantwortung entsprechend – Spielplätze auch ohne die massiven Forderungen von Initiativen sanierten bzw. neu anlegten. Auch stand die Notwendigkeit eines ausreichenden Spielplatzetats zur Debatte. Er wurde in den Jugendwohlfahrtsausschüssen beschlossen und gab den Jugendämtern (die für die öffentlichen Spielplätze in Zusammenarbeit mit Grünflächenämtern zuständig sind), einen Handlungsspielraum. Allerdings ist der festgeschriebene Spielplatzetat trotz des Problembewußtseins in vielen Kommunen sehr gering ausgefallen und hat sich bis heute nicht wesentlich gesteigert (Ausnahmen bestätigen die Regel).

Doch kommen wir zurück auf die Initiativen, die sich für alternative Spielplatzkonzepte einsetzten. Ihre Durchsetzungskraft war so stark, daß auf Bundesebene zumindest in Großstädten und mittelgroßen Städten pädagogisch betreute Abenteuer- und Bauspielplätze eingerichtet wurden. Zwar blieb ihre Zahl aufgrund der hohen Personal- und Sachkosten sehr gering. Doch immerhin können mittelgroße Städte ein bis zwei betreute Spielplätze ausweisen. Hierunter sind auch Spielbusse zu rechnen, die bestehende Spielanlagen (z.b. in unterversorgten Wohngebieten) regelmäßig ansteuern.

Ob eine höhere Zahl an Abenteuer- und Bauspielplätzen, Spielmobilen, Kinder- und Jugendfarmen (welche es allerdings nur sehr selten gibt) usw. aus heutiger Sicht genau so aktuell ist, mag dahin gestellt bleiben. Generell sollte diese Diskussion individuell für jede Stadt geführt werden, wobei die Versorgung im Verbund mit anderen sozialen Einrichtungen (z.B. Jugendzentren) und der vorhandenen Infrastruktur eines Wohngebietes gesehen werden muß.

Derzeit gibt es keine starken Spielplatzbewegungen mehr, die neue Ideen anzubieten hätten. Die Initiativen, die heute bestehen, treten als Einzelkämpfer auf. Sie haben bisher keine erkennbaren Strukturen entwickelt, die einen Austausch und ein (überörtliches) Zusammentreffen möglich machen würden, wie es in den 70er Jahren der Fall war; immerhin haben sich damals zahlreiche Interessenverbände gegründet, die zum Teil heute noch bestehen, z.B. der „ABA-Interessenverband der Abenteuer-, Bau- und Aktivspielplätze", der inzwischen zum Fachverband für offene Kinder- und Jugendarbeit wurde.

Wenn es heute einen Trend im Spielplatzbereich gibt, so geht der nicht mehr so sehr in die Richtung, pädagogisch betreute Spielplätze zu fordern, sondern eher dahin, nicht mehr *für* Kinder Spielplatzideen zu entwickeln (so ‚gut' sie auch immer sein mögen), sondern *mit* ihnen. Das bedeutet allerdings unter Umständen, daß Kinder herkömmliche Spielplätze wollen oder ‚kleine Lösungen bevorzugen, weil sie oft nur ihren eigenen Bereich überblicken können. Solche Lösungen werden naturgemäß nicht sehr von Standardplanungen abweichen, weil die Kinder Individualität und Vielfalt auf Spielplätzen kaum erleben konnten. Daher benötigen sie Denkanstöße, um kreative Ideen entwickeln zu können, damit ihr Wohnumfeld zur Spielumwelt werden kann, die sie sich nutzbar machen dürfen und sollen..

Ein anderer Trend plädiert für die Aufhebung von Spielplätzen. Hierbei wird konsequent der Gedanke verfolgt, daß der Spielplatz als Reservat nur dann aufgehoben werden kann, wenn er aufgelöst wird. Als Folge könnten Kinder sich ihre Umgebung frei aneignen. Ihre Spielphantasie und Kreativität würde nicht durch vorgegebene Spielorte und -geräte eingeengt. Ob dieser Weg eine Alternative ist, muß mit einem Fragezeichen versehen werden, denn er setzt voraus, daß sich die Mentalität eines ganzen Volkes zugunsten von Kindern ändert.

2. Wohnumwelt – Spielumwelt

Das Motto ‚Wohnumwelt – Spielumwelt' deutet an, daß im räumlich-spielerischen Bereich über die Notwendigkeit von ‚Spiel'plätzen neu nachgedacht werden muß. Spielplatz muß wieder alles werden, was in der hausnahen und weiteren Umgebung räumlich vorhanden ist und keine Gefahren in sich birgt. Denn: Alles, was betretbar ist, ist für Kinder Erlebnisfläche und somit Spielfläche zugleich, egal mit welchen formalen Funktionen Erwachsene diese Flächen im engeren Sinne belegt haben.

Wünschenswert wäre, wenn das Schablonendenken abgelegt werden könnte, das eine tolerante Betrachtungsweise behindert. Es müßte von allen anerkannt werden, daß Gehwege nicht nur zum Gehen da sind, Wiesen nicht nur zum Rasenmähen, Vorgärten nicht nur zum Vorzeigen, Wäscheplätze nicht nur zum Wäschetrocknen und Parkplätze nicht nur zum Parken, sondern auch als Spielfläche für Kinder in Frage kommen (letztere, wenn sie leer sind). Wir brauchen: Wohnhäuser statt ‚Schon'häuser, Nutzgärten statt ‚Schutz'gärten, Spielhöfe statt Abstellhöfe usw.

Wer Kindern einen natürlichen Platz in unserer Gesellschaft geben möchte, der muß auch ihre allgegenwärtige Präsenz in der Wohnumwelt akzeptieren. Daß sie sich dort – ihren Bedürfnissen entsprechend – ausbreiten und spielen, ist nur zu verständlich, denn in ihrer Lebensphase ist das Spiel lebensnotwendig und hausnah angelegt.

Diese Ansicht bedeutet jedoch nicht, daß Kinderinteressen immer und überall Vorrang haben und die Bedürfnisse aller anderen sekundär sind; vielmehr bedeutet sie, daß der Alltag von Kindern sensibler betrachtet werden muß. Wer Kindern gegenüber Rücksicht ausübt, wird auch von ihnen Rücksicht erwarten können, weil sie sich bei ihnen durch den täglichen Umgang miteinander entwickeln kann.

Zeichnung: Natalie Jürgens

Dieses Plädoyer für ein Miteinander kommt allen Generationen zugute. Es wirkt den Ausgrenzungstendenzen entgegen, die sich in unserer Gesellschaft verfestigt haben (Kinder auf den Spielplatz, Jugendliche ins Jugendzentrum, Alte ins Seniorenheim usw.) und die sich nicht weiter manifestieren dürfen, da von allen Generationen wichtige Lebensimpulse ausgehen, auf die die Allgemeinheit nicht verzichten kann.

In der Öffnung der reinen Funktionsbereiche – hin zu Lebensbereichen – liegt nicht nur für Kinder eine Chance, sich ihre äußere Wohnumwelt nutzbar (= bewohnbar, bespielbar) zu machen, sondern sie besteht für alle Generationen. Auch sie können einen Teil ihrer Bedürfnisse nach außen verlagern, beispielsweise durch Lesen auf der Bank vor dem Haus, Federballspielen auf dem Rasen, Kaffeetrinken hinterm Haus usw.

So gesehen wird die Wohnumwelt als ,offenes Konzept' für die MitbewohnerInnen aller Generationen zu einem erweiterten Zuhause, das sowohl Nähe als auch Distanz zu der Nachbarschaft zuläßt.

Christa Burghardt

Das Problem der Hausordnungen

Hausordnungen sind problematisch. Sie reglementieren das Zusammenleben der HausbewohnerInnen unnötig und machen ihnen das Leben schwer. Meistens werden Hausordnungen dem Mietvertrag als schriftliche Gebilde angehängt, die bei Abschluß des Vertrages zu unterzeichnen sind. Damit haben sie einen verbindlichen Charakter.

Da eine einmal festgeschriebene Hausordnung über Jahrzehnte hin kaum verändert wird, kann sie dem Einzelfall und dem Wandel der Bedürfnisse der Hausgemeinschaft nur schlecht gerecht werden.

Hausordnungsparagraphen werden zur Meßlatte des erlaubten und nichterlaubten Verhaltens, – egal wie unsinnig sie im einzelnen Fall auch sein mögen. Sie sind ein Machtinstrument, auf das HausbesitzerInnen und/oder MitbewohnerInnen zurückgreifen können, um Forderungen durchzusetzen. Damit setzen sie mancherorts das gemeinsame Gespräch aus, das über die Wünsche der HausbewohnerInnen geführt werden könnte, um zu einer Einigung in bestimmten Fragen zu kommen.

Wer mag angesichts der enormen Wohnraumverknappung darauf bestehen, bestimmte Passagen zu streichen? Der Druck, eine Wohnung zu bekommen, ist so groß, daß die unliebsame Hausordnung widerstandslos in Kauf genommen wird. Oftmals ist damit die Hoffnung verbunden, daß in der Praxis vielleicht alles viel einfacher ist, als auf dem Papier festgeschrieben wurde. Doch diese Hoffnung trügt in vielen Fällen, wie unter anderem eine hohe Zahl an Mietprozessen und Räumungsklagen zeigt, die nicht zuletzt wegen der Nichtbeachtung der Hausordnung geführt werden.

1. Standardbeispiele der Einschränkungen für Kinder

Kinder spielen in Hausordnungen nur eine untergeordnete Rolle, die meist in einschränkender Weise festgelegt wurde. Hierfür stehen folgende Beispiele:

Mittagsruhe

In allen Hausordnungen ist das Einhalten einer Mittagsruhe vorgesehen, die sich meistens auf den Zeitraum von 13.00 bis 15.00 Uhr bezieht. Gerade die Zeit also, die nach dem stundenlangen Stillsitzen in der Schule als Aktivzeit für Kinder wichtig wäre, um einen körperlichen Ausgleich zu haben, wird als Ruhezeit zwangsverordnet. Diese Regelung berücksichtigt nicht die Interessen der Schulkinder, wohl aber die von Erwachsenen, die eine Mittagspause wünschen. Allerdings muß der fairneßhalber erwähnt werden, daß dort, wo Säuglinge und Kleinkinder wohnen, diese ihren Mittagsschlaf geruhsamer durchführen können, wenn die Mittagsruhezeit beachtet wird. Doch nicht in allen Wohnhäusern leben Kleinkinder und Säuglinge, so daß im Interessenkonflikt „Mittagsruhe ja oder nein?" nicht hinterfragt wird und die Schulkinder gegenüber den Erwachsenen unterliegen.

Zu leiden haben die Kinder auch unter einem falschen Verständnis des Begriffes Mittagsruhe. Irrtümlicherweise wird häufig darunter verstanden, daß die Kinder in dieser Zeit z.B. nicht draußen spielen dürfen. Das ist jedoch nicht der Fall. Das Einhalten der Mittagsruhe bedeutet lediglich, daß Kinder angehalten werden und sich bemühen, in dieser Zeit leise zu sein. Dazu gehört, daß auf lärmerzeugende Spiele verzichtet wird. Dazu gehört aber auch, daß Kinder sich im Spiel vergessen und eben doch ins lautstarke Spiel gelangen können.

Spielen auf dem Rasen

Aufgrund des jahrelangen öffentlichen Drucks gibt es wohl kaum noch Hausordnungen, die das Spielen auf dem Rasen verbieten. Allerdings ist bis heute vielerorts das Ballspielen (insbesondere das Fußballspielen), das Schlittenfahren, das Aufbauen von Zelten usw. von der Spielerlaubnis ausgenommen. Die Angst vor einer Beschädigung des Rasens ist so groß, daß dem Argument seiner sehr guten Regenerierbarkeit kaum Glauben geschenkt wird. Hier werden die Interessen der Kinder den Interessen von Sachen geopfert.

Fußballspielen

Nicht nur auf der Wiese, sondern in aller Regel in der gesamten Wohnanlage ist das Fußballspielen verboten (und das in einem Land, das weltweit als fußballbegeistert gilt!). Die Sorge um zerbrochene Fensterscheiben, die Beschädigung des Rasens und der Grünanlagen sowie die als Lärm empfundene Geräuschkulisse sind die Gründe für das Verbot.

Oft erscheint in den Hausordnungen der Hinweis, daß das Fußballspielen auf Bolzplätze verlagert werden soll. Doch dieser Hinweis ist meistens scheinheilig. Denn an Bolzplätzen mangelt es größtenteils. Auch sind sie häufig so weit entfernt, daß Schulkinder sie nicht alleine oder nur mit öffentlichen Verkehrsmitteln erreichen können, von der miserablen Ausstattung dieser Plätze einmal ganz abgesehen. Ein langer und oftmals gefährlicher Weg führt dazu, daß die Kinder sich trotz des bestehenden Verbots einen Ort in der Nähe des Wohnhauses erobern, auf dem sie Fußballspielen können. Von dem müssen sie sich immer wieder wegjagen lassen, weil die Hausordnung eine solche Maßnahme zuläßt.

Spielen auf Spielplätzen

In vielen Hausordnungen steht, daß Kinder möglichst auf den vorhandenen Spielplätzen spielen sollen. Diese Aussage ist

a) eine Farce, weil es nicht immer tatsächlich Spielplätze gibt bzw. die vorhandenen Plätze häufig total abgewirtschaftet sind und damit zur Zumutung für Kinder werden;

b) eine Provokation, weil die Spielplätze durch das „Diktat der Benutzungsschilder" das Spiel der Kinder drastisch einschränken („Benutzung des Spielplatzes nur für Kinder bis zu 10 Jahren und in der Zeit von 8.00-12.00 sowie 15.00-18.00 Uhr");

c) sittenwidrig, weil damit wichtige Teile der Wohnumgebung als Aufenthaltsraum für Kinder ausgegrenzt werden.

Ein solcher Passus müßte aus den Hausordnungen gestrichen werden. Statt dessen muß es den Kindern gestattet sein, die gesamte Wohnumgebung als Spielfläche zu nutzen, dazu gehört der Weg, die Wiese, der Hof usw.

Spielen auf Garagenhöfen

Garagenhöfe gehören zu der Tabuzone ersten Grades. Auf ihnen ist in aller Regel das Spielen ausdrücklich untersagt, wie an vielen zusätzlich angebrachten Schildern unschwer zu erkennen ist. Doch trotz Verbot spielen die Kinder auf diesen Freiflächen immer wieder, denn auf den asphaltierten Garagenhöfen können bekannterweise viele Spiele stattfinden, für die anderswo der Untergrund ungeeignet ist (z.B. Rollschuhfahren) oder für die der Platz fehlt (z.B. Ballspiele).
Die Gründe für das Spielverbot werden oft mit Versicherungsproblemen angegeben. Es könnte zu Sachschäden an Garagentoren und zu Autounfäl-

len kommen. Hier stellt sich die Frage, warum ausgerechnet in Garagenhöfen die Versicherungsfragen problematischer sein sollen als an anderen Stellen. Es liegt vielmehr die Vermutung auf der Hand, daß das Auto ein besonders schützenswertes Gut ist, dem sich alle anderen Wertmaßstäbe unterzu-
ordnen zu haben – auch die Spielbedürfnisse der Kinder. Aus diesem Grunde wird ein gleichberechtigtes Nebeneinander von spielenden Kindern und
Autos nicht angedacht. Der Konflikt ist vorprogrammiert. Die Kinder halten
sich nicht an das Spielverbot (manche sind außerdem zu klein, die angebrachten Schilder lesen zu können) und nehmen die Garagenhöfe von Zeit
zu Zeit in Besitz. Kommt es zu einem Unfall, so trägt in erster Linie der
Autofahrer die Verantwortung. Um der Gefahr eines Unfalles durch heran-
nahende Autos vorzubeugen, ist es daher sinnvoll, wenn an die Adresse der
Autofahrer Schilder gerichtet wären, die vor spielenden Kindern warnen
und das Fahren im Schrittempo (5-7 km/h) vorschreiben. Durch bauliche
Maßnahmen (z.B. Fahrbahnverengung durch Blumenkübel) oder Boden-
schwellen ließe sich dieses Anliegen unterstützen.

Kinderwagen in Treppenhäusern

Das Abstellen von Kinderwagen ist in manchen Hausordnungen ausdrücklich untersagt. Dieses ist natürlich für eine Mutter, die in der dritten Etage
wohnt und mit ihrem Säugling vom Einkaufen zurückkommt, eine Hürde,
die nicht zu schaffen ist. Wie soll sie gleichzeitig das Kind, die Einkaufsta-
schen und den Kinderwagen nach oben transportieren? Wen soll sie jedes-
mal herausklingeln und um Hilfe bitten? Eine solche Kinderwagenklausel
dürfte in keiner Hausordnung stehen. Es versteht sich von selbst, daß dort,
wo kein Platz für einen Kinderwagen ist, dieser nur für kurze Zeit im Treppenhaus untergebracht wird. Doch bei einer großzügigen Hausflurgestaltung
dürfte ein Kinderwagen nicht stören. In der Praxis haben jedoch die Putz-
barkeit des Treppenhauses und/oder Blumenkübel nicht selten den Vorrang.

2. Fehlende Kinderinteressen in Hausordnungen

Wer sich die Mühe macht und verschiedene Hausordnungen liest, wird feststellen, daß oft darin wichtige Punkte fehlen, die zur Sicherheit der Kinder
beitragen können. Wo steht schon geschrieben, daß Zäune und Gebüsch
nicht mit Stacheldraht umgeben werden dürfen, daß bei der Pflanzenaus-
wahl in Grünanlagen auf giftige Pflanzen verzichtet werden soll, daß Holz-

spielgeräte nicht mit schädlichen Holzschutzmitteln gestrichen werden dürfen, daß Hunde und Katzen von Spielplätzen fernzuhalten sind, damit sie
durch ihren Kot nicht zur Gesundheitsgefahr für Kinder werden usw.? So
gesehen gibt es durchaus Lücken in den Hausordnungen. Doch diese sind
nicht die einzigen.

Es fehlen ebenso Passagen, in denen um Verständnis für die Lebensgewohnheiten von Kindern gebeten wird. Wären sie vorhanden, so würde
eventuell manche einschränkende Zurechtweisung unterbleiben, weil dem
Kind als solchem ein gewisser Schutz zugebilligt würde. Berücksichtigt
werden könnten zum Beispiel folgende Aspekte:

- Das Zusammenleben in einer Hausgemeinschaft wird durch alle Generationen – insbesondere auch durch Kinder – bereichert.
- Familien mit Kindern sind in besonderem Maße belastet. Sie sind auf
  nachbarschaftliches Verständnis, Rücksichtnahme und Mithilfe angewiesen.
- Kinder und Jugendliche haben zum Teil andere Bedürfnisse als Erwachsene. Eine gegenseitige Rücksichtnahme schafft die Grundlage für ein
  gutes Nachbarschaftsverhältnis.
- Kinder und Jugendliche werden als gleichberechtigte WohnpartnerInnen
  anerkannt. Sie haben nicht weniger Rechte als Erwachsene und dürfen
  daher gleichermaßen über Gemeinschaftseinrichtungen verfügen.
- Wenn Kinder einen Schaden verursachen, sollte ihnen die Gelegenheit
  gegeben werden, diesen wiedergutzumachen.
- Sollten im Zusammenleben von Kindern, Jugendlichen und Erwachsenen Probleme auftreten, so ist es im Sinne der Kinder, eine Klärung
  nicht lange aufzuschieben. An einer Aussprache sollten alle Betroffenen
  teilnehmen.

Solche Aussagen billigen Kindern einen Status zu, der sie als MitmieterIn-
nen anerkennt, die ernst zu nehmen sind.

3. Alternativen zu herkömmlichen Hausordnungen

Im Normalfall sind Hausordnungen am grünen Tisch entstanden. An ihnen
haben oft RechtsexpertInnen mitgewirkt, die von den HausbesitzerInnen
beauftragt wurden, dem Leben der Hausgemeinschaft Regeln zu geben.
Natürlicherweise enthalten sie Regeln, die den AuftraggeberInnen entgegen-
kommen. So berücksichtigen die herkömmlichen Hausordnungen weniger
die Interessen der HausbewohnerInnen als die der HausbesitzerInnen.

Die Bemühungen, allgemeine Grundsätze für das Zusammenleben einer im einzelnen unbekannten Hausgemeinschaft aufzustellen, müssen denn auch als unvollkommen und ungenügend bezeichnet werden. Es gibt nicht *die* Hausordnung und *die* Hausgemeinschaft, sondern es gibt eine Vielzahl von MieterInnen, die unter unterschiedlichen Bedingungen und mit teilweise völlig anderen Strukturen in Mietshäusern wohnen. Dem muß Rechnung getragen werden, aber wie?

Eine Alternative wäre sicherlich, auf Hausordnungen gänzlich zu verzichten. So vollzöge sich das Leben der Hausgemeinschaft nach unausgesprochenen Regeln. Im Bedarfsfall würden Absprachen getroffen werden müssen. Damit bliebe ein direkter Kontakt und Austausch der Nachbarschaft erhalten. Möglicherweise gäbe es ohne Hausordnungen weniger oder keine nennenswerten Probleme.

Eine andere Möglichkeit wäre die, den HausbewohnerInnen zuzugestehen, daß sie ihre Hausordnung selbst machen. Das würde voraussetzen, daß der/die HausbesitzerIn ihnen zutrauen würde, eine Hausordnung in Selbstverantwortung zu erstellen. Es würde auch voraussetzen, daß den HausbewohnerInnen eine gewisse Verfügungsgewalt über die Mietsache und die Gemeinschaftsanlagen zugestanden wird.

Ein solcher Vorschlag klingt fast utopisch. Viel zu festgefahren sind die Strukturen, nach denen diejenigen bestimmen, denen die Häuser gehören und nicht diejenigen, die sie nutzen und durch ihre Mietzahlungen jahrzehntelang abbezahlen. Im allgemeinen steckt neben der Macht des Besitzanspruches auch die Angst dahinter, einen geringeren Zugriff in der Funktion als VermieterIn zu haben. Hinzu kommt, daß stark angezweifelt werden wird, daß die Mieterschaft in der Lage ist, eine Hausordnung zu erstellen, die die Bedürfnisse aller berücksichtigt. Als Vision spukt in den Köpfen, daß eine Mehrheit eine Minderheit überstimmt und damit die Probleme vorprogrammiert sind. Dieser Einwand darf sicherlich nicht auf die leichte Schulter genommen werden. Doch wer Demokratie und Mitbestimmung nicht wagt, wird auch nie in den Genuß kommen, festzustellen, daß partnerschaftliche Lösungen möglich sind.

Ein Kompromiß wäre eventuell, eine Hausordnung vorzugeben, die gewisse Mindeststandards vorgibt, die für das Leben in der Gemeinschaft als unabdingbar angesehen werden und alle anderen Punkte als Ermessensspielraum für die Hausgemeinschaft läßt. Über diesen Ermessensspielraum könnten die BewohnerInnen beispielsweise in Jahresversammlungen diskutieren und von Jahr zu Jahr überprüfen, ob die frei gewählten Hausordnungspunkte noch aktuell und notwendig sind. Letztlich ändert sich eine Hausgemeinschaft nicht nur durch neu hinzugezogene NachbarInnen, sondern auch durch das zunehmende Alter der Kinder, durch veränderte Bedürfnisse beispielsweise im Freizeitbereich usw. Wenn vor Jahrzehnten z.B. die gemeinsame Nutzung der Waschküche notwendig war, weil Wassermotorwaschmaschinen schwerlich in der Wohnung aufzustellen waren, so läßt sich über die neue Nutzung dieses Gemeinschaftsraumes sicherlich verhandeln, der frei wurde, weil die elektrischen Waschmaschinen zwischenzeitlich bequem und sicher den Einzug in die Wohnungen gefunden haben. Ob aus diesem Raum ein Spielzimmer, ein Tischtennisraum oder eine Hobbywerkstatt wird, obliegt der Entscheidung der Nachbarn. Wichtig ist, daß die Bedürfnisse aller Betroffenen ernst genommen werden und dem Prozeß der Veränderung Rechnung getragen wird, indem eine neue Entscheidung gefällt wird, die die BewohnerInnen akzeptieren können.

Bekanntgeworden ist die Hausordnung des Vereins „Wohnen mit Kindern" in Moers, deren Initiatorinnen Elisabeth Dessai und Renate Alt-Rosendahl bereits in den 70er Jahren bedenkenswerte Veröffentlichungen zum Thema Wohnen mit Kindern vorgelegt haben. In der Hausordnung des Modellprojektes ist festgeschrieben, daß Kinder sich ungestört frei entfalten können sollen. Es bestehen darin auch folgende Passagen: „Spiellärm gilt nicht als störend. Dazu gehört auch das Musizieren. Das Spiel im Freien in der sonnigen Mittagszeit ist nicht zu unterbinden, sondern zu fördern. Erst ab 21.00 Uhr sind Kinder zur Ruhe zu ermahnen." Und: „Der allgemein zum Spielen der Kinder vorgesehene Garten wird so gestaltet, daß es nicht viel zu pflegen gibt."[26] Es wäre schön, wenn dieses Modell Schule machen würde und der Grundtenor zukünftiger Hausordnungen von der Berücksichtigung der kindlichen Interessen geprägt würde. Bei entsprechendem Willen der HausbesitzerInnen – egal, ob es sich um private EigentümerInnen oder um Wohnungsgesellschaften handelt – wäre das möglich.

Denkbar wäre auch, daß Kinder eigene Hausordnungen machen oder gemeinsam mit den Erwachsenen erarbeiten. Eine solche „Kinder-Hausordnung" hat dann einen wichtigen – auch moralischen – Stellenwert, der die Erwachsenen immer wieder daran erinnert, daß Kinder andere Interessen und Bedürfnisse haben und daß sie die Möglichkeit benötigen, diese auszuleben. Eine solche kinderfreundliche Hausordnung könnte folgende Punkte beinhalten, die allesamt für sich sprechen:

---

26 Siehe Hausordnung des Vereins Wohnen mit Kindern Bundesverband e.V. § 6 und 9.

Kinderfreundliche Hausordnung

1. Kinder dürfen vor der Haustür, auf der Wiese, auf dem Hof und natürlich auf dem Spielplatz jederzeit spielen.

2. Der Spielplatz ist für alle da, auch für Freunde, Freundinnen, Jugendliche und Erwachsene.

3. Auf der Wiese dürfen Zelte, Planschbecken usw. aufgebaut werden

4. Fußballspielen ist erlaubt.

5. Zum Rollschuh- und Skateboardfahren können vorhandene Asphaltflächen genutzt werden.

6. Wenn auf dem Wäscheplatz keine Wäsche hängt, dürfen Kinder dort spielen.

7. Wasser zum Matschen, für ein Planschbecken, eine Gartendusche usw. kann aus der Waschküche entnommen werden.

8. Kinder dürfen bei der Pflege der Grünanlage helfen.

9. Schlittenfahren ist auch auf der Wiese erlaubt.

10. Autos dürfen den Bürgersteig und Hof nicht zuparken.

11. Auf den Zufahrtwegen zu Garagen und Abstellplätzen müssen Autos Schrittempo fahren, weil Kinder oft dort spielen.

12. Kinderwagen können im Hausflur abgestellt werden.

13. Wenn eine Infotafel im Hausflur hängt, darf diese von Kindern bemalt werden.

14. Wenn ein Keller oder Dachboden nicht genutzt wird, können Kinder darin spielen.

15. Kinder dürfen während der Mittagszeit spielen.

16. Kinderlärm stört nicht.

17. Wer eine besondere Rücksichtnahme braucht, bespricht das mit den Kindern und anderen Hausbewohnerinnen und -bewohnern.

Christa Burghardt/Antje Flade

Das Treppenhaus als Chance für Kinder und Nachbarschaft

Kinderfreundliches Wohnen wäre zu eng gefaßt, wenn es sich nur auf die eigenen vier Wände beschränken würde. Wünschenswerterweise gehört der Bereich außerhalb der Wohnungstür dazu, also das Haus in seiner Gesamtheit (Treppenhaus, Keller, Dachboden usw.) sowie das unmittelbare Wohnumfeld (Wege, Hof, Grünanlagen, Spielflächen usf.).

Welche zusätzlichen Möglichkeiten der Nutzung eines Wohnhauses bestehen, soll hier nicht an relativ leicht umwandelbaren Räumen wie einer leerstehenden Waschküche, einem freien Kellerraum oder Dachboden aufgezeigt werden, die sich allesamt recht einfach in Spiel- oder Gemeinschaftsräume umfunktionieren lassen. Vielmehr soll am Beispiel des Treppenhauses deutlich gemacht werden, welche kinderfreundlichen Umgestaltungsmöglichkeiten es in sich birgt, weil es faktisch als freier Nutzraum nur selten erkannt und eingeplant wird. Zu sehr gilt das Treppenhaus aufgrund seiner schallübertragenden Bauweise als Problemzone, als daß es bisher als gestaltbare Gemeinschaftseinrichtung das Interesse der ArchitektInnen sowie HausbewohnerInnen geweckt hätte.

Treppenhäuser in Mehrfamilienhäusern sind mehr als bloße Zubringer von HausbewohnerInnen in die Privatheit ihrer Wohnung. Vielmehr sind es halböffentliche Räume einer Hausgemeinschaft, die als Lebensräume genutzt werden könnten, was allen BewohnerInnen und damit auch den Kindern zugute kommen würde.

Doch größtenteils werden die vorhandenen Chancen nicht wahrgenommen. Verantwortlich dafür sind nicht in erster Linie die BewohnerInnen, die sich nicht trauen, von diesem Teil der Mietsache nach ihrem Gutdünken Besitz zu ergreifen, sondern es sind einerseits die rechtlichen Bedingungen des Mietvertrages, die eine solche Verfügungsgewalt in der Regel nicht zulassen (darüber können auch die hin und wieder auftauchenden und geduldeten Blumenbänke in Treppenhäusern nicht hinwegtäuschen) und andererseits ist es die allgemein vorherrschende Treppenhausarchitektur, die durch Gestaltungsarmut und wenig Platz die Weichen für eine phantasielose Benutzung stellt.

Besonders die Treppenhäuser der 60er Jahre wurden räumlich so beengt gebaut, daß eine Begegnung von NachbarInnen mehr mit Ausweichen zu tun hat, als mit echter Begegnung, die eine Kontaktaufnahme fördern könnte. Ihre sterile und unpersönliche Innenarchitektur schafft nicht die Voraussetzungen für ein gewolltes Verweilen oder Kommunizieren, sondern die sich begegnenden Menschen sind in erster Linie bemüht, sich aus dem Weg zu gehen, um sich bei dem Auf und Ab nicht gegenseitig zu behindern. Damit verhalten sich die BewohnerInnen dieser Häuser genau so, wie es die Kosten-Nutzen-Rechnung der Planungsbüros und Bauträger zuläßt: sie transportieren sich und ihre Konsumgüter – mehr wurde aus finanziellen Erwägungen nicht eingeplant.

Mit diesem Planungsfehler wird jedoch der erste Schritt in die nachbarschaftliche Anonymität eingeleitet, der eine Vereinzelung und Vereinsamung der Menschen fördert, die in einem Haus zusammenleben und ein soziales Gefüge bilden. Dieser Planungsfehler ist besonders in Treppenhäusern von Hochhäusern zu finden, deren nackte Betonwände und feuerfesten Stahletagentüren eine auffällig kalte Atmosphäre ausstrahlen. Aber auch lange, schmale Laubengangtreppenhäuser haben einen extrem nüchternen und unpersönlichen Charakter. Sie werden aufgrund ihrer Anonymität und Enge von Kindern und älteren Leuten durchaus als Angstzone empfunden, die kaum einen „Fluchtweg" offen läßt. Solche Treppenhausplanungen erschweren eine Aneignung des Treppenhauses als Gemeinschaftsraum.

Neuere Planungen von Treppenhäusern berücksichtigen oftmals den Wohnaspekt dieser verkannten Gemeinschaftsräume. Sie sind licht und hell. Ihre Fenster werden nicht mehr mit undurchsichtigen Strukturscheiben versehen, sondern ihre Verglasung läßt die Außenwelt nach innen sehen und die Innenwelt nach außen. Damit erweitert sich das Blickfeld der BewohnerInnen. Kinder können auf dem Weg zum Spielen schon sehen, wer draußen ist. Treppenhäuser dieser Art erfüllen damit eine wichtige Schutzfunktion, die in besonderem Maße für Kinder von Bedeutung ist.

Solche Treppenhäuser sind bewußt nicht mehr bloße Zubringer zu Wohnungen, sondern haben eine persönliche Ausstrahlung. Hier beginnt das Wohnen bereits im Hausflur, denn die Treppenhäuser laden ein zum Verweilen und zur nachbarschaftlichen Kommunikation. Eine großzügige Raumgestaltung wird durch Ecken und Nischen erreicht, die hell ausgeleuchtet sind, um Angstzonen zu vermeiden. Es ist genügend Platz für Pflanzen da. Unter Umständen bietet sich auch eine Möblierung in Form von Sitzecken an, für die jedoch bestimmte Feuerschutzbestimmungen zu erfüllen sind.

Ein vom Treppenhaus zugänglicher Hausbalkon ist ebenfalls eine Bereicherung, besonders ein überdachter. Solcherart geschaffene Gemeinschaftsräume eröffnen zum Beispiel für Kinder zusätzliche Spielmöglichkeiten. Breite ebenerdige Eingänge erleichtern den Transport von Kinderwagen, Möbeln, Fahrrädern usw.

Zeichnung: Natalie Jürgens

Nun leben die wenigsten Menschen in Häusern dieser Art. Es bleibt daher zu überlegen, in welcher Weise bestehende Treppenhäuser umgestaltet und genutzt werden können. Vorausgeschickt sei, daß bei einer Umgestaltung mindestens vier Dinge zu beachten sind:

1. Die Vermieterin, der Vermieter oder die Wohnungsgesellschaft muß den gewünschten Veränderungen zustimmen. Dieses gilt in besonderem Maße für Dinge, die Geld kosten und die über die Betriebskostenabrechnung auf alle Mietparteien umgelegt werden.

2. Bei einer Umgestaltung ist das Mitspracherecht aller BewohnerInnen – also auch das der Kinder – erforderlich, damit die unterschiedlichen Wünsche und Bedürfnisse berücksichtigt werden können.

3. Ein kinderfreundliches Treppenhaus braucht eine gut durchdachte Planung. Diese berücksichtigt jedoch nicht allein die Bedürfnisse der Kinder, sondern beachtet auch die Interessen der anderen BewohnerInnen. Soll zum Beispiel im Treppenhaus auch gespielt werden können, so genügt es vermutlich nicht, dieses lediglich zu entscheiden, sondern es ist sicherlich notwendig, besondere schalldämmende Maßnahmen an den Wohnungstüren oder den Treppenhausfußböden vorzunehmen, damit die Spielgeräusche für die erwachsenen MitbewohnerInnen nicht zur Lärmbelästigung werden.

4. Kinderfreundliche Treppenhäuser sind auch vom Wohlwollen der Mitbewohnerinnen abhängig, denn die beste Planung greift nicht, wenn die NachbarInnen nicht aufgeschlossen sind und nicht mitmachen. Allerdings sollte eine zurückhaltende Einstellung von NachbarInnen auch nicht gleich als kinderfeindlich gewertet werden, denn jeder Lebensabschnitt und jede soziale Lebenssituation hat ihre eigenen Bedürfnisse und Bedingungen. Ältere Menschen werden beispielsweise im Laufe der Zeit lärmempfindlicher, SchichtarbeiterInnen benötigen am Tage Ruhe zum Schlafen usw. Eine gegenseitige Rücksichtnahme wird zu Lösungen führen, die alle mittragen können.

Folgende Maßnahmen könnten zu einer bewohner- und kinderfreundlicheren Gestaltung beitragen:

- Die Atmosphäre eines Treppenhauses läßt sich bereits durch Blumen und Bilder, aber auch durch eine individuelle Wohnungstürgestaltung verbessern. Besonders kleinere Kinder können sich daran orientieren und ihr Zuhause an dem unverwechselbaren „Gesicht" der Eingangstür zu ihrer Wohnung erkennen.
- Das Anbringen einer Pinnwand in jedem Treppenhaus kann zur aktuellen Informationsquelle für alle werden. Eine solche Kommunikationseinrichtung kann das soziale Miteinander einer Nachbarschaft zusätzlich fördern und pflegen („Wer paßt auf meine Kinder auf, wenn ich ins Kino gehe?", „Wer macht am Samstagnachmittag bei der Grillfete mit?" usw.).
- Ein kinderfreundlicher Akt ist das Anbringen einer Wandtafel, die von den Kindern als Malmöglichkeit genutzt werden kann. So werden Kinderbilder zu einem deutlichen Zeichen des Lebens, indem sie immer wieder neu entstehen und auf ihre Weise die Nachbarn begrüßen.
- Bei vorhandenem Platz könnten Ecken, Nischen und Podeste möbliert werden. Dieses erhöht nicht nur die Atmosphäre, sondern schafft einen zusätzlichen Wohnwert. Die Einrichtung einer kleinen Sitzecke eröffnet neue Kommunikationsmöglichkeiten der Nachbarschaft. Sie könnte von Kindern für Spiele genutzt werden, was besonders bei Regenwetter attraktiv ist.

- Treppenhaus, Keller, Ecken und Nischen sollten gut belichtet werden, um Angst- und Gefahrenzonen zu verringern, wie sie in großen Wohnhäusern oder Hochhäusern durch eine verschachtelte und unübersichtliche Architektur oft bestehen.
- Strukturfensterscheiben, die eine Durchsicht verhindern, könnten durch Klarsichtscheiben ersetzt werden, damit der Blickwinkel der HausbenutzerInnen erweitert und die räumliche Enge des Treppenhauses optisch vergrößert wird.
- Bei vorhandenem Platz sollten Kinderwagen grundsätzlich in Treppenhäusern stehen können.
- Die Erreichbarkeit von zu hohen Klingeln, Lichtschaltern, Aufzugsknöpfen, Türgriffen etc. kann durch das Aufstellen eines Fußbänkchens an der Eingangstür sowie an der Wohnungstür ermöglicht werden. Bei anstehenden Renovierungen könnten Klingeln und Lichtschalter zugunsten kleinerer Kinder niedriger verlegt werden.
- Die Erkennbarkeit der eigenen Klingel könnte durch ein Symbol erreicht werden. Dieses ist besonders bei einer großen Wohnanlage hilfreich, bei der die Suche nach dem richtigen Klingelknopf häufig unmöglich wird.
- Haustüren sollten sich tagsüber so öffnen lassen, daß Kinder nicht erst über ein Klingeln ins Haus gelangen können. Das Öffnenlassen der Haustür durch einen Schnäpper, eine simple Türklinke (statt eines

Knaufs) oder ein Türpolster vermeidet das Klingeln, wenn z.B. nur etwas aus dem Fahrradkeller geholt werden soll.

- Der Einbau von Sprechanlagen, die allerdings niedrig angebracht sein müssen, erhöht die Sicherheit von Kindern, wenn ihre Eltern beispielsweise nicht zu Hause sind. Sie müssen nicht die Tür öffnen, um unerwünschte BesucherInnen abzuwehren.
- Ebenerdige Podestfenster sollten durch Außengitter oder andere Maßnahmen kindersicher gemacht werden. Fenstergriffe sollten abschließbar sein, um Gefahren für unbeaufsichtigte Kinder zu vermeiden.
- Das Anbringen eines zweiten, niedrigen Handlaufes am Treppenhausgeländer ist besonders für Kleinkinder wichtig und erhöht dessen Sicherheit beim Treppensteigen.
- Ein abwaschbarer Wandputz oder Wandfliesen sowie ein unempfindlicher Fußbodenbelag wirken sich besonders in Häusern mit vielen Kindern positiv aus. Kinderspuren in Form von Handabdrücken auf Wänden oder Matschfußstapfen auf Treppen lassen sich so leicht beseitigen und verhindern unnötigen Ärger, der durch die Verschmutzung und die dadurch notwendig gewordene intensive Putzerei vorprogrammiert ist.
- Wer den Aufenthalt in Treppenhäusern möglich machen möchte, sollte auch eine Heizmöglichkeit einplanen.
- Die Podeste können evtl. durch das Anfügen von Loggien oder Wintergärten verbreitert werden, was wiederum den erwachsenen HausbewohnerInnen und den Kindern direkt zugute kommt.
- Bei großzügigen Renovierungen könnte der Hauseingangsbereich verbreitert und/oder eine Eingangshalle angegliedert werden, um Kinderwagen und Fahrräder beispielsweise besser abstellen zu können. Ein eigener, zu ebener Erde befindlicher Abstellraum wäre ebenfalls von Vorteil. Ein überdachter Eingangsbereich könnte Schutz vor Regen bieten. Zur Erleichterung des Kinderwagentransportes könnten an den Außentreppen Schrägsteine angebracht werden.

Abschließend sei bemerkt, daß das Treppenhaus nach der Umgestaltung kein Ausstellungsstück werden sollte, sondern ein Ort, der zur Benutzung einlädt und der über eine individuelle Atmosphäre verfügt. Kinder und Erwachsene sollten sich bereits im Treppenhaus wohlfühlen, wenn sie nach Hause kommen. Ein solches Treppenhaus würde zur Erhöhung der Lebens- und Wohnqualität beitragen.

Positivbeispiel

Es gibt bereits positive Beispiele, die anschaulich vor Augen führen, daß es auch im öffentlich geförderten Mietwohnungsbau möglich ist, Treppenhäuser zu bauen, die sich durch eine hohe Lebens- und Wohnqualität für die dort wohnenden Kinder und Erwachsenen auszeichnen. Allgemein läßt sich feststellen, daß Möglichkeiten sich zu begegnen und dabei kennenzulernen, auch von der Wohnbauarchitektur abhängen. Diese kann das Zusammentreffen und Kennenlernen fördern oder sogar behindern.

In den Mehrfamilienhäusern sind die Treppenhäuser der unmittelbar an die Wohnungen angrenzende Bereich, von deren Gestaltung es abhängt, ob sich nachbarschaftliche Beziehungen herausbilden und festigen können. Ein positives Beispiel ist hier die Treppenhauskonzeption in der Wohnanlage in der Bessunger Straße in Darmstadt.

Die Wohnanlage umfaßt insgesamt 109 Wohneinheiten. Sie setzt sich zusammen aus sechs Hausabschnitten mit jeweils 16 bis 24 Wohnungen, entweder für zwei, drei oder vier Personen, die entweder ein- oder zweigeschossig angelegt sind. Die Zugänge zu den sechs Häusern sind alles andere als gleichförmig; sie sind in ihrer Form und der Art des verwendeten Materials höchst individuell. Im Innern setzt sich die Individualität in den unterschiedlichen Farben der Treppenläufe fort. Die Treppenhäuser werden von beiden Hausseiten aus durch die Glasfassaden belichtet, so daß sie hell und freundlich sind. Dann sind sie auch noch ausgesprochen geräumig, so daß genug Platz vorhanden ist, um dort z.B. Blumentöpfe aufzustellen. Dadurch wird die Individualität der Treppenhäuser noch zusätzlich gesteigert. Auch Kinderwagen oder Dreirad stören nicht, weil genügend Platz bleibt. Die Treppenhäuser haben nicht nur einen hohen Gebrauchswert für die Familien, sondern sie sind außerdem auch noch Begegnungsräume und Aufenthaltsorte für ein kurzes nachbarliches „Schwätzchen".

Die Befragung einiger MieterInnen zeigte, daß die transparenten taghellen Treppenhäuser nicht nur aus der Sicht von ArchitektInnen und BesucherInnen ansprechend und anders als sonst gestaltet sind, sondern daß darüber hinaus erreicht wurde, aus den Treppenhäusern mehr als nur einen Wohnungszugangsbereich zu machen. Hier lernen sich die Wohnenden sogar direkt kennen, also nicht nur über die „Kontaktbrücke Kinder". Die Wertschätzung des Treppenhauses kam in der folgenden Aussage einer Mieterin zum Ausdruck: „Wir (der Nachbar und ich) stehen oft im Treppenhaus und reden eine Viertelstunde bestimmt. Man muß ja auch nicht ständig einen Lichtschalter betätigen, der das Gespräch unterbricht." Die Betätigung des Lichtschalters ist unnötig, weil es in den Treppenhäusern hell und licht ist. Diese Helligkeit und die Geräumigkeit bewirken, daß die Zugangsbereiche in diesen Mehrfamilienhäusern eine zusätzliche Qualität als Treff- und Kennenlernorte bekommen haben.

Treppenhäuser in der Bessunger Straße, Darmstadt

III. Die gebaute Umwelt –
Kinderzimmer und Wohnung

Monika Kuschel

Wandelbarkeit von Wohnung und Wohngebäuden

Allgemeine Planungsgrundsätze

Damit ein Wohnungsgrundriß möglichst variabel den, sich im Laufe der Zeit verändernden, Bedürfnissen einer Familie oder Lebensgemeinschaft gut angepaßt werden kann, bedarf es einiger baulicher Voraussetzungen (vgl. Joachim Brech: Die Wohnung und das Haus).

Die Wohnung sollte sich in einen mehr öffentlichen Kommunikationsbereich – für alle ihre Bewohner jederzeit frei zugänglich und in einen privaten Individualbereich wo jeder sich allein in seine eigenen vier Wände zurückziehen und ganz für sich sein kann – gliedern.

Zur Kommunikation dienen der sogenannte „Allraum", der Eßbereich, die Küche und der Eingangsbereich. Über die wünschenswerte Größe des „Allraumes" gehen die Meinungen auseinander. Ideal ist ein größerer mehr länglicher Raum, der gut in zwei Räume oder Zonen aufgeteilt werden kann. Der eine Teil muß dabei der Küche zuschaltbar oder mit ihr zu einem Raum zu vereinigen sein. Diese Schaltzone kann auch gleichzeitig Dielenfunktion erfüllen.

Also mögliche Variationen:

Wohnraum – Eßdiele (Allraum) – Küche
Wohn-Eßraum (Allraum) – Küche
Wohnraum – Wohn-Eßküche (Allraum).

Die Individualräume sind dem Bad zuzuordnen und sollen abseits des öffentlichen Bereiches liegen. Damit die Funktionen austauschbar sind, der sich wandelnden Bewohnerzusammensetzung und den sich wandelnden alters- oder arbeitsbedingten Bedürfnissen angepaßt werden können, wäre ein annähernd quadratischer Raum von ca. 14 qm ideal. Möglichst mittige Anordnung von Zimmertür und Fenster begünstigen eine variable Möblierung. Weiter wünschenswert wäre die Zusammenschaltung von jeweils zwei Räumen mittels einer direkten Verbindungstür.

So mögliche Kombinationen:

Mutterzimmer – Vaterzimmer
Schlafraum – Individualraum Eltern
Schlafraum – Arbeitszimmer
Kind I – Kind II
Schlaf-Tobe-Ruhe-Raum – Spielzimmer

Monika Kuschel

Beispiele für Raumzuordnung

aus Schriftenreihe „Bau- und Wohnforschung" des Bundesministeriums für Raumordnung, Bauwesen und Städtebau, 04.068 Kindgerechte Wohngrundrisse, 1981, Beispielsammlung

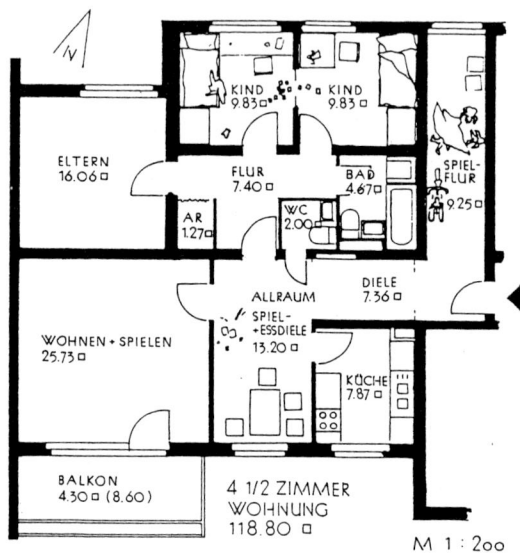

zu Grundriß 1

Kinderzimmer gleich groß – kein Kind fühlt sich benachteiligt

Verbindungstür ermöglicht enges Miteinander sowie auch gegenseitige Abgrenzung

Nähe zu Elternzimmer und Bad

Individualbereich gut abgegrenzt von Kommunikationsbereich

Eßdiele bietet Spielraum in Küchennähe

Wände zwischen Wohnen und Eßdiele sowie auch Eßdiele und Küche könnten auch entfallen, da es sich um keine tragenden Bauteile handelt

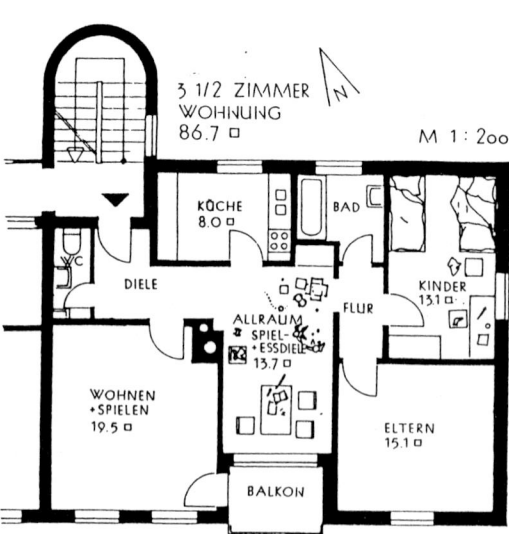

zu Grundriß 2

Individualbereich gut abgegrenzt von Kommunikationsbereich

eventuell Tausch von Kinderzimmer gegen Elternzimmer

Eßdiele bietet viel Spielraum in guter Sichtbeziehung zur Küche

zu Grundriß 3

Kinderzimmer am Eingang für größeres Kind bzw. Kinder, aber auch gut für Oma bzw. Untermieter etc. geeignet, eventuell auch Tausch gegen Elternzimmer

Individualbereich gut abgegrenzt von Kommunikationsbereich

Eßdiele zum Spielen eher ungünstig, da Durchgangsbereich, aber in guter Sichtverbindung zur Küche

Heute sollte eine Hauseinheit, sprich Einheit um ein Erschließungstreppenhaus, möglichst viele Wohnungen verschiedener Größe aufweisen. Dies gewährleistet außer einer vielfältigen Bewohnerstruktur auch, daß bei einem anderen Raumbedarf infolge Veränderungen in der Familie oder Lebensgemeinschaft evtl. innerhalb des Hauses eine andere Wohnung bezogen werden kann oder ein Wohnungstausch vorgenommen werden kann. So braucht das gewohnte Wohnumfeld nicht verlassen zu werden und die gewohnten Nachbarschaftskontakte bleiben erhalten.

Innerhalb einer Etage sollten auch verschieden große Wohnungen zu einer Wohnung vereinigt werden können.

Um zu wirklich variabler nutzbaren Wohnungen und Wohnhäusern zu kommen, die den sich laufend verändernden Bedürfnissen der Bewohner besser angepaßt werden können, dazu bedarf es vor allem auch an mehr Flexibilität bei den Besitzern.

Wir benötigen neue rechtliche Grundregeln, die spätere bauliche Veränderungen auf Mieterwunsch kurzfristig ermöglichen, unter einer angemessenen Finanzierungsregelung zwischen Mieter und Besitzer.

Antje Flade

Das Kinderzimmer – ein Zimmer im Wandel

1. Entwicklung und Umwelt

Mit dem Begriff Entwicklung in Bezug auf den Menschen werden allgemein beobachtbare Veränderungen bezeichnet, die an das Lebensalter gebunden sind, z.b. die Ausbildung der motorischen Koordination, das Krabbeln und Aufrechtstehen in den ersten 18 Monaten. Grundsätzlich wird dabei unterschieden zwischen reifungsbedingten und erfahrungsbedingten Veränderungen. Die Debatte darüber, welche Bedeutung Reifungsprozessen einerseits und den Erfahrungen in der Umwelt andererseits zuzumessen sind, die auch als „Anlage-Umwelt-Kontroverse" bezeichnet wurde, ist uralt und wurde vehement geführt, weil das Ergebnis weitreichende Folgen hat. Wenn sich beispielsweise Umwelteinflüsse als unerheblich erweisen, dann ist eine gezielte Förderung lernschwächerer Schüler letztlich ein nutzloses Unterfangen. Heute weiß man, daß Umweltbedingungen den Prozeß und das Ergebnis der Entwicklung wesentlich mitbestimmen und zwar in Verbindung mit den Erbanlagen, wobei diese Verbindung aus einem komplexen Wechselverhältnis besteht. Ein Beispiel dazu: Kinder mit unterschiedlichem Temperament sind für bestimmte Umwelteinflüsse unterschiedlich sensibel, so daß ein und dieselbe Umwelt bei verschiedenen Kindern zu unterschiedlichen Entwicklungsverläufen führen kann.

Wie kompliziert diese Wechselbeziehungen auch immer sein mögen; fest steht, daß Umweltbedingungen einen mehr oder weniger großen Einfluß haben, daß sie die Entwicklung sowohl fördern als auch hemmen können. Die Konsequenz daraus ist, daß gebaute Umwelt grundsätzlich entwicklungsfördernd sein sollte. Das gilt für alle Bereiche, d.h. für Wohnungen, Wohnungsumgebungen öffentliche Plätze, Schulen usw.

Sehr viel Zeit wird vor allem in der Wohnung verbracht, besonders im Kindesalter. Im folgenden soll es ausschließlich um das Thema „entwicklungsfördernde Wohnungen" gehen.

In Wohnungen von Mehrpersonenhaushalten gibt es Gemeinschafts- und „Individual"-Räume. Ein ganz besonderer Individualraum ist dabei das Kinderzimmer. Dieser Raum ist ausdrücklich für Kinder bestimmt.

Ein charakteristisches Merkmal dieses Zimmers ist, daß es häufig relativ klein ist. Dies mag durchaus damit zusammenhängen, daß Kinderzimmer im allgemeinen nicht als Mittel der Selbstdarstellung genutzt werden, um die eigene soziale Stellung in der Gesellschaft zum Ausdruck zu bringen. Dazu sind einigermaßen geräumige Zimmer erforderlich, so daß für das Kinderzimmer am Ende dann nicht mehr viel Fläche übrig bleibt.

Abbildung 1: Grundriß eines „klassischen" Kinderzimmers mit Möblierung
(entsprechend der DIN 18011)

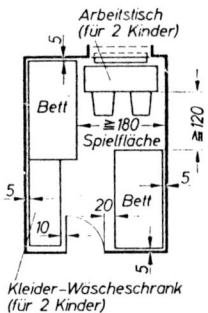

Die Frage ist, inwieweit solche genormten „Minimal"-Kinderzimmer entwicklungsfördernd sind. Wie es leider oft der Fall ist, läßt sich diese Frage nicht leicht beantworten. Eine der Schwierigkeiten rührt daher, daß das Kinderzimmer nicht isoliert von der übrigen Wohnung bewertet werden kann. Beispielsweise ist ein kleines Kinderzimmer keine Katastrophe, wenn die übrige Wohnung dem Kind zum Spielen und zum Aufenthalt zur Verfügung steht. Problematisch ist ein eng bemessenes Kinderzimmer dann, wenn Spielzeug nur im Kinderzimmer geduldet wird und Kinder auf ihr Zimmer verwiesen werden.

Ein weiterer Grund, warum die Antwort schwerfällt, ist, daß das Kinderzimmer von Personen bewohnt wird, die sich durch eine besonders rasche Veränderung im Zeitablauf auszeichnen. Das Kinderzimmer soll sowohl den Säugling als auch den Jugendlichen und heute zunehmend häufiger auch den jungen Erwachsenen, der angesichts des Wohnungsmangels so schnell keine bezahlbare eigene Wohnung findet, beherbergen. Es ist unmittelbar einsichtig, daß das Kleinkind im Hinblick auf den als Kinderzimmer deklarierten Raum andere Bedürfnisse hat als der Jugendliche und der junge Erwachsene, die von den Eltern möglichst nicht behelligt werden möchten. Ein entwicklungsförderndes Kinderzimmer müßte diesem Wandel Rechnung tragen.

In der noch bis vor kurzem geltenden DIN 18011, einer Wohnnorm, die mehr als zwei Jahrzehnte lang den Wohnungsbau und die Auffassung vom Wohnen geprägt hat, wurde die Mindestgröße des Kinderzimmers als die Summe aus Stell-, Abstands- und Bewegungsfläche errechnet. Daß Tisch, Schrank, Bett und Stühle Platz brauchen, leuchtet ein, ebenso, daß noch freie Fläche bleiben muß. Nicht einleuchtend ist jedoch die Beschränkung der Bewegungsfläche auf lediglich 1,20 x 1,80 m bzw. 2,16 m².

Abbildung 2: Bewegungsfläche im „klassischen" Kinderzimmer

Der unmittelbare Eindruck, wenn man sich eine Bewegungsfläche dieses Ausmaßes anschaulich vor Augen führt, ist, daß diese viel zu knapp bemessen ist, so daß das Kinderzimmer entsprechend der DIN 18011 nicht als entwicklungsfördernd anzusehen ist, insbesondere nicht für Kinder im Vorschul- und Grundschulalter, die sich noch viel in der Wohnung aufhalten und sich dabei mehr bewegen als im allgemeinen die Erwachsenen.

Dieses Negativ-Beispiel liefert jedoch noch keine Antwort auf die Frage, wie ein entwicklungsförderndes Kinderzimmer eigentlich aussehen müßte. Weil davon auszugehen ist, daß in unterschiedlichen Lebensphasen jeweils unterschiedliche Fertigkeiten und Fähigkeiten gefördert werden, ist zunächst einmal eine etwas genauere Betrachtung des Entwicklungsverlaufs erforderlich.

2. Entwicklungsaufgaben

Die Persönlichkeitsentwicklung läßt sich als Kompetenzerwerb auffassen. Eine Person ist kompetent, wenn sie über die Möglichkeiten verfügt, alle diejenigen Aktivitäten und Handlungen in ihrer Umwelt durchzuführen, die sie selbst erhalten, aber auch wachsen und sich weiterentwickeln lassen. Beispielsweise entwickeln sich in den ersten Lebensjahren Funktionen wie Greifen, Kriechen, Laufen usw. Die Umwelt kann solche Prozesse unterstützen, indem sie es dem Kind ermöglicht, in immer weiteren Bereichen zu kriechen und zu laufen und verschiedene Gegenstände zu greifen und zu „be"-greifen.

Kompetenz wird, sofern alles nach Wunsch verläuft, im Laufe der Entwicklung erworben. Diese Entwicklung besteht dabei aus einer Aufeinanderfolge von Entwicklungsstadien, in denen jeweils bestimmte Entwicklungsaufgaben zu lösen sind. Im ersten Lebensjahr wird die Entwicklung von Urvertrauen durch eine stabile „psychische Versorgung" durch Bezugspersonen gefördert. Sind solche Interaktionen nicht ausreichend vorhanden, stellt sich Urmißtrauen ein, was sich auf alle späteren Entwicklungsphasen ungünstig auswirkt. Dementsprechend wichtig ist im ersten Lebensjahr eine Umwelt, die die Herausbildung von Urvertrauen fördert.

Die große Aufgabe im Jugendalter ist die Identitätsfindung. Identität ist die Fähigkeit, sich trotz ständiger Veränderungen in Übereinstimmung mit seinem früheren Selbst zu erleben, als auch sich überhaupt als feste, persönliche Identität zu fühlen. Wenn diese Aufgabe der Identitätsfindung nicht gelöst wird, kommt es zur Rollendiffusion, die sich u.a. ausdrückt im Sich-Verzetteln in vielfältigen oberflächlich bleibenden Aktivitäten, in Einseitigkeit, u.a. auch in ideologischer Radikalität.

Man hat nicht den Eindruck, daß in unserer heutigen Zeit die Aufgabe der Identitätsfindung besonders leicht ist. Umso wichtiger ist deshalb eine entwicklungsfördernde Umwelt, die die Identitätsfindung unterstützt.

Entwicklungsaufgaben werden während des gesamten Lebens gestellt, bezogen auf den Zeitabschnitt relativ viele in Kindheit und Jugend. Jede Bearbeitung späterer Entwicklungsaufgaben wird durch die erfolgreiche Lösung früherer erleichtert. Umso wichtiger ist deshalb, daß die Entwicklungsaufgaben in Kindheit und Jugend gelöst werden.

Einen zusammenfassenden Überblick über die Entwicklungsaufgaben in den verschiedenen Lebensphasen vermittelt Tabelle 1.

Tabelle 1: Entwicklungsaufgaben im Kindes- und Jugendalter

Entwicklungsphase	Entwicklungsaufgaben
Kleinkindalter (0-2 Jahre)	Aufbau gefühlsmäßiger Bindungen an Bezugspersonen Erwerb von Urvertrauen Ausbildung motorischer Koordination, u.a. Krabbeln, Aufrechtstehen, Hand-Augen-Koordination usw.
Vorschulalter (2-6 Jahre)	Gefühl von Autonomie Eigeninitiative Aneignung von Umwelt durch Spielen
Schulalter (6-12 Jahre)	Zusammenspielen mit Gleichaltrigen Schulische Leistungen Leistungsmotivation
Jugend (Übergang zwischen Kindheit und Erwachsenenalter)	Aufbau von Freundschaften Ausbildung eines eigenen Lebensstils Identitätsfindung Autonomie von den Eltern Finden eines Partners/einer Partnerin

3. Anforderungen an das Kinderzimmer

Mit dem Konzept der Entwicklungsaufgaben ausgerüstet, läßt sich „entwicklungsfördernd" nunmehr folgendermaßen bestimmen:

Eine entwicklungsfördernde Umwelt zeichnet sich dadurch aus, daß sie die Lösung der jeweils anstehenden Entwicklungsaufgaben unterstützt.

Diese Umwelt ist zum großen Teil soziale Umwelt, das heißt eine aus anderen Personen und persönlichen Beziehungen bestehende Umwelt. Doch die räumlich-dingliche Umwelt kann soziale Interaktionen durchaus fördern oder auch hemmen. Beengte und hellhörige Wohnungen führen z.B. über kurz oder lang zu einem ursprünglich gar nicht gewollten restriktiven Erziehungsstil. Doch unabhängig davon kann die räumlich-dingliche Umwelt selbst ebenfalls entwicklungsfördernd oder auch -hemmend sein. Wie sieht nun also ein entwicklungsförderndes Kinderzimmer aus? (Vgl. auch Christa Burghardt: Praktische Hinweise zur bedürfnisgerechten Gestaltung von Kinderzimmern).

Das Kinderzimmer im Kleinkindalter braucht nicht groß zu sein. Wichtig ist aber, daß der Raum des Kindes in der Nähe der Bezugsperson ist, so daß sich das Gefühl, sich auf die Umwelt verlassen zu können, entwickeln kann und gefühlsmäßige Bindungen an Bezugspersonen aufgebaut werden können. Weil die Möglichkeiten, z.B. auf zu große Helligkeit oder Umgebungs-Lärm reagieren zu können, für das Kleinkind sehr begrenzt sind, zu viel Helligkeit und zu starker Schall aber mit dem Bedürfnis nach Schlaf kollidieren, ist es wichtig, daß ein räumlicher Bereich vorhanden ist, in dem das Kind vor Lärm und Unruhe geschützt ist. Das Kinderzimmer muß also zweierlei leisten: es muß sowohl vor zuviel Außenwelt abschirmen als auch die Gewißheit vermitteln, daß die Bezugsperson in der Nähe ist und sich kümmert, wann immer dies nötig ist.

Im räumlichen Umkreis des Kleinkindes sollte es darüber hinaus vielfältige Dinge zum Greifen und Platz zum Krabbeln geben, um die Hand-Augen-Koordination und damit das „Begreifen" von Dingen sowie die Ausbildung der Motorik zu fördern.

Das Kinderzimmer ist damit ein Raum, in dem das Kind ungestört schlafen kann, in dem es ungestört mit einfachen Sachen spielen kann und von dem aus es nicht weit ist zur Bezugsperson.

Jenseits des Kleinkindalters erwachen erste Autonomiebestrebungen. Die Abhängigkeit von den Bezugspersonen verringert sich etwas. Haupttätigkeit des 2-6jährigen Kindes ist das Spielen. Die daraus erwachsenden Anforderungen an das Kinderzimmer sind: Platz zum ungestörten eigenständigen Spielen, Dinge zum Spielen. Wenn im Kleinkindalter Urvertrauen erworben wurde, ist eine ständige räumliche Nähe zur Bezugsperson nicht mehr erforderlich, denn man kann ja darauf vertrauen, daß sie sich, wann immer es nötig ist, kümmern wird. Das Kinderzimmer ist im Vorschulalter ein Raum, in dem das Kind viel wache Zeit verbringt, in dem es erstmals ein Gefühl von Ortsidentität entwickelt im Sinne von: „Dies ist ein Zimmer, das zu mir gehört." Das Kinderzimmer ist deshalb in diesem Alter vor allem Spielzimmer.

Mit Eintritt in das Schulalter rücken die ursprünglichen Bezugspersonen etwas in den Hintergrund. Es werden neue Bindungen zu fremden Personen aufgebaut. Das Kinderzimmer ist in diesem Alter der Bereich, in dem sich das Kind ungehindert und unbekümmert auch mit FreundInnen aufhalten möchte. Das Kinderzimmer muß deshalb so beschaffen sein, daß der Wunsch, sich mit anderen Kindern drinnen aufzuhalten, der sich meist mit dem Eintritt des Kindes in die Schule einstellt, erfüllt wird. Darüber hinaus muß aber das Kinderzimmer auch Platz bieten, um ungestört Schularbeiten machen zu können. Spätestens mit dem Eintritt in die Schule wird damit das Kinderzimmer zu einem „multifunktionalen Individualraum", der sowohl zum Arbeiten als auch zum Spielen dient. Im Unterschied zum Vorschulalter wird jetzt häufiger mit anderen Kindern zusammen gespielt. Das Kinderzimmer wird damit zum „Wohnzimmer" des Kindes.

Die Jugendphase zwischen Kindheit und Erwachsenenalter ist durch eine deutliche Ablösung von den ursprünglichen Bezugspersonen geprägt. Die Gruppe der Gleichaltrigen wird immer wichtiger, u.a. auch in Zusammenhang mit den Bemühungen, neue Verhaltensstandards zu finden. Die außerfamiliale Welt gewinnt an Bedeutung. Dennoch ist gerade in diesem Alter ein eigener Raum in der Wohnung ganz besonders wichtig. Das Verfügenkönnen über ein eigenes Zimmer trägt dazu bei, die Entwicklung eines eigenen Lebensstils zu fördern, Autonomie gegenüber den Eltern zu erlangen und die große Aufgabe der Identitätsfindung zu lösen, wenn z.B. das Zimmer nach eigenen Vorstellungen gestaltet wird und auf diesem Wege die Identitätsfindung unterstützt wird. Im Jugendalter wird im Hinblick auf die Lage des Kinderzimmers genau das Gegenteil von dem gewünscht, was im Kleinkindalter optimal war: die Nähe dieses Zimmers zu den ursprünglichen Bezugspersonen mit ständigem Sicht- und Rufkontakt. Jugendliche möchten statt dessen ein Zimmer in maximaler Distanz zu den Eltern. Das eigene Zimmer im Jugendalter muß nicht besonders groß sein. Es bedarf keiner großen Spielfläche mehr, jedoch ausreichend Platz für die Besuche von FreundInnen und für die Selbstgestaltung, die das Zimmer unverwechselbar macht.

In diesem Alter ist das Kinderzimmer ein Mittel, um sich abzugrenzen und den eigenen Lebensstil, der anders ist als der der Eltern, zum Ausdruck zu bringen.

In Tabelle 2 sind die Anforderungen an das Kinderzimmer in den unterschiedlichen Lebensphasen, wie sie aus den jeweiligen Entwicklungsaufgaben ableitbar sind, stichwortartig dargestellt.

Den höchsten Platzbedarf haben Kinder im Vorschul- und Grundschulalter. Hier gibt es mehrere Möglichkeiten, um diesem Bedarf zu entsprechen: Das Kind bekommt nicht den kleinsten, sondern einen größeren Raum als Kinderzimmer oder das Kind kann auch in anderen Räumen der Wohnung spielen, ohne daß es sein Werk gleich wieder zerstören und wegräumen muß. Sehr günstig sind größere teilbare Räume, die je nach Platzbedarf ungeteilt zur Verfügung stehen oder in zwei kleinere Räume geteilt werden können. Zwei Kinder in der Familie, die noch nicht zur Schule gehen, sind besser mit einem Zimmer, dafür aber mit einer relativ großen Spielfläche bedient, als mit zwei kleinen Einzelzimmern und zwei relativ kleinen „Bewegungs"-Flächen.

Tabelle 2: Anforderungen an das Kinderzimmer

Entwicklungsphase	Anforderungen an das Kinderzimmer
Kleinkind	Abschirmung und Schutz vor Lärm, Unruhe und anderen störenden Einflüssen
	Nähe und Kontakt zu den Bezugspersonen
	Dinge zum Greifen und Platz zum Krabbeln
Vorschulkind	große Spielfläche, Dinge zum Spielen, Ungestörtheit beim Spielen
Schulkind	Platz für den Besuch von Schulfreunden. Große Spielfläche zum gemeinsamen Spiel mit Gleichaltrigen
	Arbeitsplatz für Schularbeiten
	Besuchsraum
Jugendlicher/ Jugendliche	ein eigener Raum, der nicht mit einer anderen Person geteilt werden muß
	maximale Entfernung von den Aufenthaltsräumen der Eltern
	Raum, der nach eigenen Vorstellungen gestaltet werden kann

Das Schulkind braucht eher noch mehr Platz, weil es gern FreundInnen zu Besuch hat, mit denen gemeinsam gespielt wird. Anders als im Vorschulalter besteht jetzt aber auch der Bedarf nach einem ungestörten Arbeitsplatz, vergleichbar dem Ruhebereich des Kleinkindes. Wenn der als Kinderzimmer gedachte Raum dafür zu klein ist, sollten Arbeiten und Spielen entweder räumlich getrennt werden, oder es sollte ein anderes – größeres – Zimmer als Kinderzimmer fungieren.

Im Jugendalter ist der Platz als solcher weniger entscheidend als vielmehr der eigene Raum. Wenn zwei Kinder in der Familie leben und die Wohnung über ein teilbares Kinderzimmer verfügt, dann kann sich der Segen dieser Konzeption jetzt voll entfalten.

4. Schlußbemerkung

Das Kind unterscheidet sich vom Erwachsenen dadurch, daß bei ihm die Entwicklung relativ rasch voranschreitet. Doch auch die anderen Familienmitglieder sind keine „Konstanten", sondern durchlaufen, während sie älter werden, verschiedene Lebensphasen: frühe Kindheit, Kindheit, Jugendalter, Erwachsenenalter und Alter. Heute leben Kinder zunehmend länger in ihrer Herkunftsfamilie, also auch noch als (junge) Erwachsene. Eine weitere Entwicklung ist, daß in ca. 52% der Familien im westlichen Deutschland nur ein Kind aufwächst und größere Familien immer seltener geworden sind. Das bedeutet insgesamt, daß sich die Familienphase mit kleinen Kindern verkürzt hat, während sich die Familienphase, in der selbständige, schon erwachsene Kinder, im Haushalt leben, relativ dazu verlängert hat. Bezogen auf den Wohnungsbau heißt das ganz allgemein, daß Wohnungen so beschaffen sein müssen, daß sie recht unterschiedlichen Familienphasen Rechnung tragen. Sie müssen nicht nur geeignet sein, dem Kleinkind ideale Entwicklungsbedingungen zu liefern, sondern heute zunehmend mehr auch dem jungen Erwachsenen. Betrachtet man einmal die Haushalte, in denen Kinder leben – im April 1989 waren das in den alten Bundesländern rund 10 Millionen Haushalte – daraufhin, wie alt diese Kinder sind, dann stellt man fest, daß in einem Drittel dieser Haushalte erwachsene Kinder wohnen. Zweifelsohne ist also ein Kinderzimmer heute längst nicht mehr nur ein Kinderzimmer im engeren Sinne, d.h. ein Zimmer für kleine Kinder.

Christa Burghardt

Praktische Hinweise zur bedürfnisgerechten Gestaltung von Kinderzimmern

1. Einleitung

Besonders Eltern von Säuglingen und Kleinkindern suchen oft Anregungen für eine kinderfreundliche Gestaltung von Kinderzimmern. Ihnen obliegt noch die alleinige Verantwortung für die Einrichtung dieses Zimmers, da die Kinder selbst noch keine Wünsche äußern können. Die Eltern wollen die Weichen für die nächsten Jahre stellen und dabei möglichst nichts falsch machen. Einige Grundregeln können ihnen dabei helfen:

1. Es gibt keine Richtlinien für *das* kinderfreundliche Kinderzimmer. Die Kinder und ihre sozialen Lebensbedingungen sind viel zu verschieden, als daß es ein Kinderzimmer geben könnte, das für alle ideal wäre. Wichtig ist, daß aus den vorhandenen Möglichkeiten (Größe des Zimmers, finanzielle Mittel, Mitbestimmung der Kinder) das Beste gemacht wird.

2. Ein Kinderzimmer sollte nicht *für* Kinder hergerichtet werden, sondern *mit* ihnen, denn die Kinder sind in erster Linie die BewohnerInnen dieser Zimmer. Sie müssen sich darin wohlfühlen. Deshalb müssen die Kinderzimmer nach ihren Bedürfnissen und ihrem Geschmack eingerichtet werden und nicht nach den Vorstellungen der Eltern. Das bedeutet aber nicht, daß Eltern über ihre finanziellen Möglichkeiten hinausgehen müssen, sondern nur, daß Kinder im Rahmen der vorhandenen Geldmittel mitentscheiden sollen.

3. So wünschenswert z.B. große Kinderzimmer sind, so wenig ist damit garantiert, daß sie auch gleichzeitig dem Aspekt der Kinderfreundlichkeit genügen. Kinder, die beispielsweise über ein großes Zimmer verfügen, in diesem Zimmer jedoch nicht „ihr eigener Herr" sein dürfen, sind unter Umständen den Kindern gegenüber benachteiligt, die zwar ein kleines Zimmer haben, dieses jedoch ganz nach ihren eigenen Wünschen in Besitz nehmen können.

4. Wenn Kinder für eigene Einrichtungsentscheidungen noch zu klein sind – z.B. Säuglinge oder Kleinkinder –, sollten die Eltern eine möglichst sparsame und neutrale Möblierung wählen, die sich später gut mit den Wünschen der Kinder kombinieren läßt. Es sollten nur die notwendigsten Möbelstücke

angeschafft werden, denn einmal gekaufte Möbel werden aus Kostengrün-
den im Nachhinein sicherlich nicht ohne weiteres ausgetauscht. Je mehr die
Eltern vorher festlegen, desto weniger Möglichkeiten haben die Kinder später, ihren eigenen Geschmack zu entwickeln und durchzusetzen.

Zeichnung: Natalie Jürgens

5. Das Kinderzimmer muß nicht der durchgestylten Standard-Ausstattung
der Möbelhäuser und Möbelkataloge entsprechen. Diese Kinderzimmeran-
gebote unterscheiden sich zwar noch in der Qualität des Materials und in
der Verarbeitung voneinander, sie sind jedoch in ihren Ausstattungselemen-
ten relativ uniform und auf den Typ „Säuglingszimmer" und „Jugendzim-
mer" reduzierbar. Durch die Einheitsmöblierung wird die Phantasie in erste
Schranken verwiesen. Es ist daher angebracht, sich selbst zu überlegen, was
sinnvoll ist, bevor der Weg ins Möbelhaus angetreten wird. Vielleicht kommen ganz neue Ideen zustande – zumindest wird das Zimmer bedürfnis-
orientiert gestaltet und nicht fremdbestimmt. Ein gutes Kinderzimmer
zeichnet sich durch Individualität aus, die durch die Bedürfnisse seiner BewohnerInnen zustande kommt und nicht durch das Mitmachen aller neusten
Trends.

6. Wenn (neue) Möbel angeschafft werden sollen, so ist es aus gesundheitlichen Gründen wünschenswert, daß diese schadstofffrei sind. Im Handel sind
inzwischen sogenannte „Biomöbel" aus Vollholz und ohne schädliche Holzschutzmittel in vielen Preislagen erhältlich. Neben dem gesundheitlichen
Aspekt (z.B. Allergien durch Holzschutzmittel, ausströmendes Formaldehyd

bei der Verwendung von Spanplatten etc.) wird hiermit auch ein Beitrag zum Umweltschutz geleistet.

7. Ein kinderfreundliches Kinderzimmer muß nicht zwangsläufig teuer sein. Der Wert einer Zimmereinrichtung richtet sich nicht nach ihrem Kaufpreis, sondern nach ihrem Nutzwert. Gebrauchte Möbel oder Sperrgutmöbel müssen nicht schlechter sein als neue. Eine Wiederverwertung von Möbeln ist aus mehreren Gründen sinnvoll. Sie spart Geld und sorgt auf diese Weise dafür, daß dem Kind in den einzelnen Lebensphasen eine altersgerechte Zimmereinrichtung zur Verfügung gestellt werden kann. Meistens lassen sich über Zeitungsinserate preiswerte Möbel finden. Leider gibt es kaum Second-Hand-Läden, die sich auf Kindermöbel spezialisiert haben. Aus ökologischer Sicht sparen Second-Hand-Möbel darüber hinaus wichtige Ressourcen und mindern den Einsatz von chemischen Mitteln, die im herkömmlichen Herstellungsprozeß eingesetzt werden.

8. Ein Kinderzimmer sollte veränderbar sein, denn mit fortschreitendem Alter der Kinder wandeln sich ihre Bedürfnisse. Das Kinderzimmer sollte dem Rechnung tragen. Das Umstellen der Möbel oder Umgestalten zu einem Zimmer mit einem anderen Charakter innerhalb einer Altersstufe schafft eine neue Atmosphäre und neue Spielanreize.

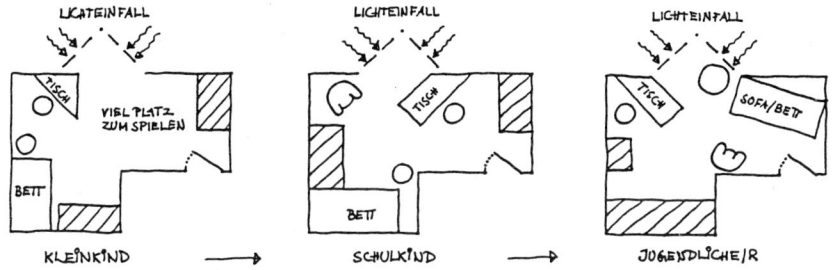

9. Das Kinderzimmer sollte nicht mit zu vielen Möbeln zugestellt und auch nicht mit zu vielen Funktionen überfrachtet werden. Es sollte eine möglichst große Freifläche haben, die die Kinder spontan mit den unterschiedlichsten Spielen ausfüllen können.

10. Das Kinderzimmer muß nicht in dem einmal dafür festgelegten Raum untergebracht sein, sondern kann innerhalb der Wohnung einem Zimmerwechsel unterliegen, der sich nach den verändernden Bedürfnissen der gesamten Familie richtet. Einzelne Möbelstücke sind hierfür praktisch, während eine maßgeschneiderte Wand-zu-Wand-Einrichtung einen solchen Umzug innerhalb der Wohnung erschwert und damit verhindern könnte.

11. Für jedes Familienmitglied und damit auch für das Kind einen eigenen Raum als Rückzugsmöglichkeit zu haben, könnte als ideal bezeichnet wer-

den. Doch nicht jedes Kind braucht ein eigenes Kinderzimmer (dieses ist aus ökonomischen Gründen bei vielen Familien auch nicht möglich), sondern manche Kinder leben lieber mit ihren Geschwistern im gleichen Raum. Wer über mehrere Kinderzimmer verfügt, könnte bei Bedarf die Funktion des Schlafens und die des Spielens räumlich trennen, so daß ein gemeinsames Kinderschlafzimmer und ein gemeinsames Spielzimmer entstehen.

12. Ein Kinderzimmer kann noch so schön hergerichtet worden sein, es wird wohl kaum der alleinige Spielort für Kinder innerhalb der Wohnung sein. Wünschenswert ist, daß auch andere Räume bespielbar und natürliche Aufenthaltsorte von Kindern werden. Eine spielerische Benutzung anderer Wohnräume (z.B. Küche, Wohnzimmer, Schlafzimmer) setzt einerseits die Bereitschaft der Eltern voraus, dieses zuzulassen. Dazu bedarf es oftmals weniger Veränderungen (Spieltisch oder Spielbox in die Küche stellen, ins Wohnzimmer etc.). Andererseits kann diesem Bedürfnis bereits bei dem Neubau von Wohnungen oder bei Umbaumaßnahmen Rechnung getragen werden. Die Öffnung der Küche zum Wohnraum hin oder die Planung einer großen Küche anstelle einer kleinen Kochnische unterstützen das Bedürfnis der Eltern und Kinder, auch beim Verrichten von Hausarbeiten (Kochen, Spülen, Schulaufgaben) zusammensein zu können. Der familiäre Kommunikationsprozeß wird dadurch positiv beeinflußt. Insbesondere Familien mit Kleinkindern und Schulkindern profitieren von der Auflösung einer strikten Funktionstrennung innerhalb der Wohnung, die da lautet: In der Küche wird gekocht, im Kinderzimmer gespielt, im Schlafzimmer geschlafen etc. Es wird Zeit, daß diese Vorstellungen aufgebrochen werden und jede Familie ihre eigenen Vorstellungen entwickelt.

2. Bauliche Gestaltungsaspekte

Neubau und Umbau

Besonders günstige Gestaltungsaspekte bestehen bei Kinderzimmern, die sich als Neubau oder Umbau in der Planung befinden. Hier sind der Phantasie noch keine Grenzen gesetzt.

Das Kinderzimmer braucht kein einfältiger Viereckraum zu werden, sondern kann abgeschrägte Winkel, Rundungen, Ecken, Nischen oder einen Erker bekommen. Es kann zwei Ebenen haben. Unter dem Dach befindliche Kinderzimmer können bis in die Spitze ausgebaut werden und eventuell eine Zwischenetage oder „Kuschelhöhle" bekommen.

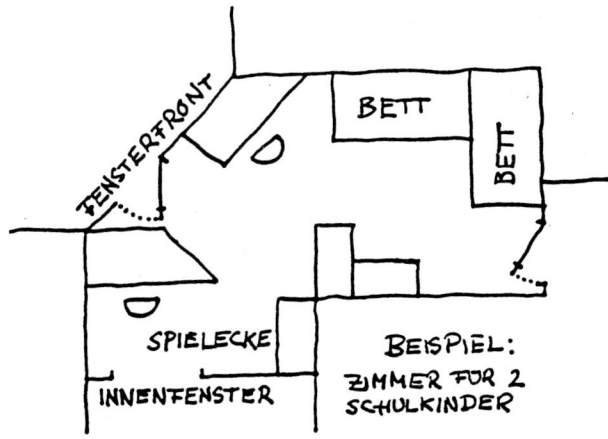

Ein Zugang zum Freien durch einen Balkon, eine Loggia, einen Wintergarten oder eine Terrasse erweitert den Aktionsradius und bietet zusätzlich eine gute Unterbringungsmöglichkeit für die Tiere der Kinder.

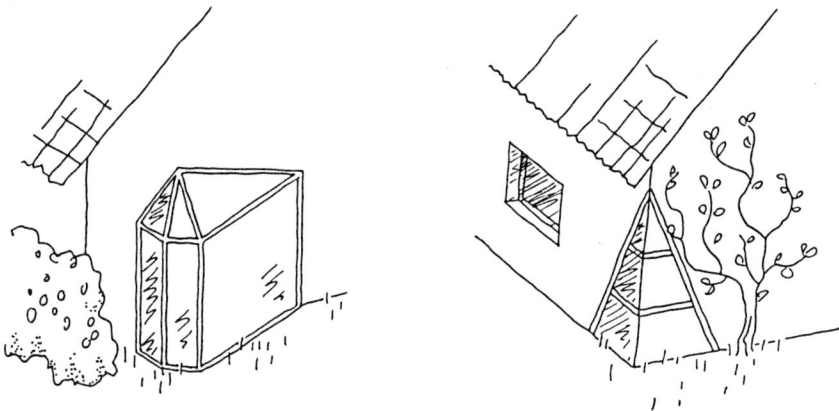

Zeichnungen: Natalie Jürgens

Die Fenster können bis zum Fußboden reichen und dadurch besonders für Kleinkinder den vollen Blick nach draußen gewähren. Ein Innenraumfenster zu einem anderen Zimmer oder zur Diele hin gestaltet das Zimmer ebenfalls interessant. Auch eine Fensterkonstruktion über Eck oder aus dem Mauerwerk herausragende Erkerfenster (z.B. ein Dreieck oder Trapez, das evtl.

nach oben hin konisch zuläuft) erweitern den Blickwinkel und fangen zusätzlich mehr Licht ein. Auch ein „Gucklochfenster", das sich knapp über dem Fußboden befindet und nicht die Höhe eines üblichen Fensters erreicht, ist eine interessante Variante.

Es versteht sich von selbst, daß ein Kinderzimmer die körperliche Größe von Kindern berücksichtigen sollte. Hoch angebrachte Lichtschalter, Türklinken usw. führen dazu, daß Kleinkinder sie nicht benutzen können, was letztendlich ihrer Selbständigkeit im Wege steht, denn immer sind sie auf die Hilfe der Großen angewiesen. Eine Berücksichtigung von niedrigen Schaltern, Türklinken, Waschbecken etc. sollte sich auf die gesamte Wohnung ausdehnen. Hier wäre eine Veränderung der Baunormen wünschenswert.

Baubiologisches

Wenn ein Haus neu gebaut werden soll, besteht die Möglichkeit, baubiologische Gesichtspunkte bereits bei der Planung zu berücksichtigen. Aber nicht nur Neubauten, sondern auch bereits bestehende Häuser und Kinderzimmer können nach baubiologischen Gesichtspunkten ausgestattet werden. Dieses bietet sich z.B. an, wenn eine Renovierung ins Haus steht oder die Anschaffung von neuen Einrichtungsgegenständen geplant wird. Eltern und ArchitektInnen legen durch die Verwendung von baubiologischen Materialien den Grundstein für eine Gesundheitsfürsorge, die sich auf Jahre auszahlt.

Es gibt sehr unterschiedliche baubiologische Ansätze. So verschieden sie auch sind, allen ist gemein, daß sie ein gesundes Raumklima durch unbelastete, atmungsfähige Baustoffe schaffen wollen. Dieses ist besonders für Säuglinge, Kinder und kranke Menschen sehr wichtig, weil dann die Haut ihre (Atmungs-)Funktion optimal wahrnehmen kann. Eine gut atmende Haut trägt wiederum zu Gesundheit und Wohlbefinden bei, womit sich der Kreis schließt. Zu den atmungsaktiven Baumaterialien zählen beispielsweise Holz, Ton, Kork, Lehm usw., während Beton, Kunststoffe, PVC-Böden, synthetische Teppichböden etc. nicht dazu gehören.

Um den Begriff „Baubiologie" inhaltlich ein wenig zu füllen, sollen an dieser Stelle Beispiele angedeutet werden, damit anschaulich wird, was Baubiologie sein *kann*. Wichtig ist beispielsweise der (weitestgehende) Verzicht auf Beton. Ein Fundament muß nicht unbedingt ganzflächig aus Beton bestehen, sondern kann gezielt als „Ringfundament" für das tragende Mauerwerk angelegt werden, bei dem als Füllstoffe für den Fundament-Zwischenraum Tonziegelsteine oder verfestigter Schotter gewählt werden. Mauerwerk und Dachpfannen können aus gebranntem Tonmaterial bestehen;

Deckenkonstruktionen können aus Holzbalken errichtet werden. Die Trittschalldämmung kann durch Lehm erfolgen und die Wärmedämmung im Dachbereich durch Isofloc (wiederverwertetes Altpapier) oder Kork. Die großzügige Verwendung von Holz ist typisch für die baubiologische Gestaltung. Teilweise werden ganze Holzblockhäuser angeboten, die sogar mehrstöckig sind. Beim Holz ist es sehr wichtig, daß es nicht kesseldruckimprägniert oder auf andere Weise gesundheits- und umweltbelastend behandelt ist. Im Außenbereich kann die Verwendung von Borsalz sowie „konstruktiver Holzschutz" (durch Überdachungen) sinnvoll sein. Im Innenbereich kann eigentlich auf eine Holzbehandlung verzichtet werden, als pflegende oder imprägnierende Maßnahmen können Hölzer geölt oder gewachst werden, was sich in Feuchträumen empfiehlt. Der Kauf von sogenannten „Bioholzschutzmitteln" sollte vorzugsweise in baubiologischen Geschäften oder Bioläden erfolgen, weil hier die Mittel von Firmen vertrieben werden, die sich der Baubiologie verpflichtet haben. Fenster und Türen sollten aus Vollholz bestehen, wobei keine Tropenhölzer, sondern einheimische Hölzer ausgesucht werden sollten. Für Fußböden können Naturmaterialien wie Holz, Kork oder Terracotta in Frage kommen.

Bei der Heizung empfiehlt sich ein Verzicht auf Nachtstromheizungen; Gas in Kombination mit Brennwertkesseln ist umweltfreundlicher und gesundheitsverträglicher. Die zusätzliche Verwendung von Solarenergie ist zu überlegen, ebenso die Anschaffung eines Grundofens, der als Alternative zum Kamin angesehen werden muß. Im Grundofen darf nur mit gut abgelagertem Holz geheizt werden; er hat bessere Heizwerte als ein Kamin.

Die Elektrik sollte mit speziellen Kabeln „abgeschirmt" sein, um möglichst unbelastete elektromagnetische Felder im Hause zu haben. Der zusätzliche Einbau von Netzfreischaltern wirkt sich ebenfalls günstig aus. Empfehlenswert ist, Stromanlagen und -geräte nicht direkt im Bereich von Schlafstätten oder anderen Aufenthaltspunkten zu installieren, an denen man lange verweilt. Eine Reduzierung von elektrischen Geräten (insbesondere der oft überflüssigen Anzahl von Haushaltsgeräten) ist ebenfalls anzuraten; Mikrowelle und Funktelefon schneiden aus baubiologischer Sicht besonders schlecht ab.

Baubiologisch empfehlenswerte Farben, Tapeten, Kleister, Dichtungsmittel usw. sind herkömmlichen Materialien vorzuziehen.

Zugegeben, umweltfreundliche Baustoffe sind in der Regel teurer als herkömmliche Materialien und lassen sich daher nicht immer bzw. nicht für jede Familie realisieren. Dennoch sollte jede Familie bei jeder Einkaufsentscheidung im Vorfeld überlegen, ob sie nicht doch in der Lage ist, das Geld für die baubiologischen *Wert*-Stoffe (!) zu erübrigen. Vielleicht gibt es andere Dinge, an denen gespart werden kann (z.B. am Auto, an vielfältiger Kleidung, an überflüssigem Schnickschnack ...). An der Gesundheit sollte jedoch möglichst nicht gespart werden.

Leider wird manchmal mit dem Begriff „Bio" Schindluder getrieben, weil er gute Absatzchance verspricht. Nicht selten fallen Menschen auf diesen Etikettenschwindel herein oder vertrauen gutgläubig den Aussagen von nicht umfassend informierten VerkäuferInnen herkömmlicher Baustoffhandlungen. Wer eine solide baubiologische Beratung möchte, der wende sich an anerkannte baubiologische Institute, Verbraucherberatungsstellen, örtliche Bioläden und spezielle baubiologische Baustoffhandlungen. Sie alle bieten eine baubiologische Fachberatung an. Besonders wertvoll ist auch das „Alternative Branchenverzeichnis", das über den Buchhandel bezogen werden kann. Es ist eine wahre Fundgrube, weil es selbst für sehr spezielle Ausstattungswünsche Adressen im gesamten Bundesgebiet parat hat. Baubiologische Zeitschriften wie z.B. „Gesundes Wohnen" sind für Menschen zu empfehlen, die sich dem Thema zunächst einmal lesend nähern wollen. Hier finden sich auch Hinweise auf gute Bücher zu diesem Thema.

Die Entscheidung für baubiologisches Material ist eine Entscheidung für die Gesundheit.

Der Vorteil dieser Baustoffe liegt nicht allein darin, daß sie im Gegensatz zu den herkömmlichen Materialien umweltschonend sind, sondern es gehen vor allem von ihnen weniger Gefahren für die Gesundheit aus. Gerade im Hinblick auf die zunehmenden Erkrankungen der Kinder im Bereich der Atemwege, Allergien sowie Erkrankungen bis hin zu Krebs ist es wichtig, die Vor- und Nachteile der zu verwendenden Stoffe genau zu kennen und zum Beispiel auf Produkte zu verzichten, die im Verdacht stehen, Krebs oder Allergien auszulösen. Wie wichtig solche Entscheidungen zugunsten baubiologischer Materialien sind, zeigt sich vermutlich besonders deutlich an den Holzschutzmittel-Skandalen, die seit Anfang der 80er Jahre auf die verheerenden gesundheitlichen Folgen von lindanhaltigen Anstrichmitteln aufmerksam gemacht haben. In langwierigen Prozessen haben HausbesitzerInnen teilweise einen Schadensersatz für nicht mehr bewohnbare Häuser erstreiten können. Den betroffenen Firmen konnten die Kosten für kostspielige Gesundheitsaufwendungen der Geschädigten abverlangt werden.

Die belastenden Faktoren in herkömmlichen Baustoffen sind vielfältig, doch insgesamt noch zu wenig erforscht. Dieses trifft insbesondere auf die Wechselwirkung von chemischen Substanzen zu, die gemeinsam zur Anwendung kommen. Zwar werden die Zusammenhänge zwischen Schadstoffbelastungen und Erkrankungen immer deutlicher, doch führt das bisher noch nicht dazu, daß bestimmte Baustoffe auf einen Verbotsindex kommen. Auch ist im Einzelfall sehr schwer nachzuweisen, daß als Ursache für die Erkrankung eines Kindes beispielsweise die in seinem Zimmer verwendete Dämmstoffplatte aus Asbest zu sehen ist. Hinzu kommt das Problem, daß die zugelassenen Schadstoffobergrenzen sich im Regelfall auf Erwachsene beziehen und nicht den viel empfindlicheren Organismus von Säuglingen oder Kindern berücksichtigen. Dieser Sachverhalt läßt erahnen, warum Krebs die

zweithäufigste Todesursache bei Kindern ist und Erkrankungen der At-
mungsorgane und Hautallergien die kindliche Krankenstatistik anführen.
   Allein aus diesen Gründen müßte eine umweltverträgliche und ökologische Bauweise in starkem Maße öffentlich gefördert werden. Sie darf nicht
– wie bisher – wenigen vorbehalten bleiben, sondern müßte zum Standard
für alle werden.

Sicherheit

Unter dem Gesichtspunkt der Sicherheit ist es notwendig, daß von der baulichen Gestaltung her keine Gefahren für das Kind bestehen. Fußbodenfenster
beispielsweise sollten sich nur von Kindern öffnen lassen, wenn sie auf einen Balkon führen oder so konstruiert wurden, daß Kleinkinder nicht her-
auskriechen können. Ein Fensterschloß könnte hier Abhilfe schaffen oder
aber auch ein Gitter. Steckdosen müssen mit einer Schutzvorrichtung, der
sogenannten Kindersicherung, ausgestattet werden. Sie verhindern, daß
Drähte in die Steckdose gesteckt werden und schlimme Unfälle verursachen. Türen dürfen nicht mit einer Zuschnappvorrichtung versehen werden,
weil das die Gefahr des Fingereinklemmens vergrößert, denn insbesondere
Kleinkinder können einen solchen Mechanismus nicht einschätzen und daher auch nicht vorbeugen. Scharfkantige Treppen, Fensterbänke, Vorsprün-
ge etc. müssen ebenfalls vermieden werden. Eine Beratung zur Verhinderung von baulichen Gefahrenpunkten kann beispielsweise über die Verbraucherberatungsstellen geleistet werden. Außerdem gibt es zahlreiche Bro-
schüren und Fachliteratur zu diesem Thema.

Sonstige Gestaltungshinweise

Viereckige Grundrisse lassen sich durch eine geschickte Anordnung der
Möbel z.B. über Eck oder durch Raumteiler wie halbhohe Regale oder
Kommoden interessant verändern. Hierbei können Ecken und Nischen entstehen. Rechte Winkel können durch den Einbau von Brettern, Wandver-
kleidungen oder kleinen Dreieckregalen entschärft werden. Der Raum kann
durch das Einbringen eines Fußbodenpodestes an Ausstrahlung gewinnen.
Auch das Einziehen einer Zwischenetage, die als Schlafkoje, Leseecke, Arbeitszimmer usw. genutzt werden kann, bereichert den Raum.
   Die Zimmerdecke läßt sich durch eine Holzkonstruktion auflockern, die
versetzt oder wellenförmig angebracht werden kann. Aber auch aufgespannte Tücher, Fischernetze, ein Moskitonetz über dem Bett, eine Hängematte
usw. erfüllen den Zweck, dem Zimmer eine persönliche Note zu geben.

Zeichnung: Natalie Jürgens

Das Kinderzimmer sollte möglichst hell und freundlich sein, wobei dieses im günstigsten Fall durch natürliche Lichteinfälle erreichbar ist. Eine gute, elektrische Beleuchtung trägt ebenfalls zur Helligkeit bei. Aus baubiologischen Gründen erweist sich jedoch wegen der erhöhten UV-Bestrahlung eine Niedervolthalogen-Lampe als ungünstig, aber auch Neonröhren, die zudem ein sehr kaltes Licht erzeugen, sind nicht zu empfehlen. Es müssen an verschiedenen Stellen gezielte Lichtquellen vorhanden sein, z.B. eine Arbeitstischleuchte dort, wo Hausaufgaben gemacht werden oder eine Leselampe am Bett, die jedoch aus baubiologischer Sicht an einen Netzfreischalter angeschlossen werden sollte, denn Stromquellen am Bett – insbesondere auch Radiowecker – können belastend wirken. Wenn es kuschelig sein soll, so sollte dieses nicht durch Dimmer für Lampen erreicht werden, denn auch diese sind baubiologisch bedenklich. Entsprechende Vorhänge, kleinere Lampen oder Kerzenlicht bringen eine gemütliche Atmosphäre ins Zimmer.

Dezente Tapeten tragen ebenfalls zur Freundlichkeit des Kinderzimmers bei. Helle Tapeten lassen ein Kinderzimmer größer wirken als dunkle. Kräftige Farben sowie überfrachtete, kunterbunte Muster sollten vermieden werden, auch wenn sie auf der Tapetenrolle noch so schön anzusehen sind, denn sie treten später an der Wand mit Bildern und anderen Dekorationen in

Konkurrenz und können leicht ein Zimmer verunstalten. Auch Möbel sollten farblich nicht so dominant sein, daß sie das ganze Zimmer beherrschen, sondern sollten die Details des Kinderzimmers wirken lassen. Als Zimmerdekoration bieten sich Bilder an, die vor allem selbstgemacht einen persönlichen Eindruck vom Kinderzimmer und dem entsprechenden Kind bzw. den Kindern hinterlassen. Schöner als das Anbringen mit Heftzwecken wirkt das Einrahmen oder Anbringen von Bildleisten, die das Bild z.B. mit Klammern oder Magneten festhalten. Weitere Dekorationen wie Mobiles, Blumen, Sammelstücke, Selbstgebasteltes usw. verschönern das Zimmer. Wenn sie jedoch zu üppig ausfallen, besteht die Gefahr, daß das einzelne Stück nicht mehr zur Wirkung kommt. Ein häufigeres Umdekorieren ist angebracht. Die Fenster lassen sich durch eine Bemalung oder durch eine nachträgliche Unterteilung mit Klebestreifen oder einem Holzrahmengestell schön gestalten. Gardinen oder Rollos sollten möglichst wieder dezent sein, um eine Reizüberflutung im Zimmer zu verhindern.

Die Gesamtgestaltung eines Kinderzimmers und besonders die baulichen Voraussetzungen sollten so angelegt sein, daß es sich immer wieder ohne großen Aufwand verändern läßt. Das Kinderzimmer muß sich den Bedürfnissen der Kinder anpassen und nicht umgekehrt.

3. Das Mobiliar – Besinnung auf das Mobile

Die Möbel eines Kinderzimmers müssen vielen Qualitätskriterien standhalten. Sie sollten einen hohen Gebrauchswert haben, stabil sein, unterschiedliche Nutzungen zulassen, mitwachsen können, praktisch sein, viel Stauraum haben, nicht so wuchtig sein, daß sie den gesamten Raum beherrschen, kindlichen Vorstellungen entsprechen (also kein Wohnzimmerverschnitt oder Gebrauchtwarenlager der Eltern sein), gewissen Sicherheitsanforderungen genügen, nicht aus gesundheitsgefährdenden, sondern aus schadstofffreien Materialien bestehen und zuguterletzt sollten sie auch noch möglichst wenig kosten.

Gute Kindermöbel sind nicht billig, doch sie sind ihr Geld wert. Auf lange Sicht sind sie vielleicht sogar preiswerter als das Sonderangebot eines Möbelgeschäftes, weil sie nicht ständig aus dem Leim gehen und deshalb alle Jahre wieder erneuert werden müssen. Viele Billigmöbel (z.B. die aus Pressholz oder Presspappe) lassen sich außerdem nicht reparieren. Preiswert ist die Verwendung von gebrauchten Möbeln, die noch funktionstüchtig sind und dem Bedarf des Kindes bzw. der Kinder entsprechen. Sie können – falls notwendig – aufgearbeitet werden und evtl. durch Anmalen ein neues Gesicht bekommen. Hierbei können die Kinder selbst tätig werden, wodurch das Möbel in besonderer Weise zu ihrem Möbelstück wird.

Zeichnungen: Natalie Jürgens

Einrichtungsgegenstände mit hohem Gebrauchswert sind nicht nur praktisch, sondern sie bestehen auch aus hochwertigen Material. Hierbei handelt es sich in erster Linie um Vollholz, aber auch holzfunierte Tischlerplatten sind eine Alternative. Aufgrund dieses Materials wird eine Stabilität erreicht, die große Beanspruchungen zuläßt, so daß beispielsweise ein Etagen- oder Hochbett verwegene Kletterabenteuer und wilde Tobereien aushält, die zu kindlichen Spielen gehören. Diese Aktionen müssen dann nicht aufgrund der Instabilität der Möbel verboten werden, weil befürchtet wird, daß die Möbel ruiniert werden und so neue Kosten auf die Eltern zukommen.

Möbel, die für Kinder geschaffen sein sollen, haben keine scharfen Ecken und Kanten, sondern sind abgerundet damit besonders Kleinkinder, die noch wenig erfahren sind, sich nicht verletzen können. Ihre Türen schnappen nicht leicht zu und verhindern eine Verletzungsgefahr. Gitterstäbe von Betten für Säuglinge dürfen einen Mindestabstand von 7,5 cm nicht überschreiten, damit sich Kleinstkinder beim Erkunden ihrer Umwelt nicht den Kopf einklemmen können. Eine Beratung hinsichtlich der Sicherheitsaspekte kann über die Verbraucherberatungsstellen erfolgen. Auch geben diverse Sicherheitsbroschüren Auskunft (siehe Literaturliste im Anhang).

Aus praktischen Erwägungen sind einzeln aufstellbare, nicht zu große Möbelstücke vorzuziehen, weil sie sich leichter umstellen und variieren lassen als große zusammenhängende Schrankwände, wie sie vor allem im Jugendzimmerbereich als Kompaktangebot vorzufinden sind. Einzelteile und Kleinmöbel lassen sich ähnlich wie Regale als Raumteiler verwenden.

Besonders praktisch sind auch Kommoden und Schubladensysteme, in die sich nach wandelndem Bedarf Spielzeug oder Wäsche einsortieren läßt. Es handelt sich dabei außerdem um ein Ordnungssystem, das besonders von kleineren Kindern besser zu handhaben ist als beispielsweise ein offenes Regal. Offene Regale setzen immer auch einen gewissen Ordnungssinn und die Fähigkeit einer Systematisierung der einzuräumenden Sachen voraus, wenn sie die in ihnen befindlichen Dinge gut oder ordentlich repräsentieren sollen (was ja nicht immer nur ein Wunsch der Eltern ist, sondern auch der Kinder).

Kinder lieben Geheimnisse. Aus diesem Grunde sind abschließbare Schränke, Kommoden oder Fächer eine Bereicherung für jedes Kinderzimmer.

Eine Teilmöblierung mit nutzungsneutralen, wandelbaren Kleinmöbeln erscheint sinnvoll. Beispielsweise kann ein stapelbares Holzkastensystem einen Menschen vom Kleinkindalter bis ins Erwachsenenalter begleiten. In der frühen Kindheit dient dieses System eventuell zur Aufbewahrung von Spielzeug. Die Kästen können spontan zu halbhohen Trennwänden oder Raumteilern umfunktioniert werden, um unter Zuhilfenahme von Tüchern die Grundmauern für eine Puppenecke, einen Kaufladen oder ein Kasperletheater zu bilden. Später werden die Kisten vielleicht ein Bücherregal, sie beherbergen Schallplatten oder die Musikanlage, möglicherweise jedoch auch Aktenordner usw. Eines Tages landen sie vielleicht im Keller und dienen als Aufbewahrungsort für altes Spielzeug oder Bastelmaterial, um unter Umständen für die nächste Generation wieder als Spielzeugkisten Verwendung zu finden.

Die Anschaffung von Möbeln, die „mitwachsen", ist eine sinnvolle Zukunftsinvestition. Auf dem Möbelmarkt sind Wickelkommoden im Angebot, die sich durch das Wegnehmen des Wickelbrettes zum Halbschrank umfunktionieren lassen. An manchen Betten für Säuglinge lassen sich die Gitterkonstruktionen entfernen, wodurch eine Umgestaltung zum Kinderbett vollzogen wird, in dem auch noch die nächsten Kinderjahre verbracht werden können.

Es gibt auch Stühle, die im Babyalter mit einem zusätzlichen Haltebügel als Hochstuhl verwendet werden können und durch die Verstellbarkeit der Sitzhöhe allmählich zum Erwachsenenstuhl werden (sie sind unter dem Namen „Tripp-Trapp" im Handel erhältlich). Auch höhenverstellbare Schülerschreibtische sind sinnvoll und besonders dann wirkungsvoll, wenn sich die Arbeitsplatte schräg verstellen läßt. Dadurch kann eine optimale Körperhaltung beim Hausaufgabenmachen erreicht werden.

Zeichnungen: Natalie Jürgens

Die Möblierung eines Kinderzimmers muß nicht bei der klassischen Möbelbestückung (Schrank, Bett, Tisch) stehenbleiben, sondern kann ergänzt werden durch Angebote, die dem jeweiligen Kind gerecht werden, zum Beispiel durch eine Hobelbank, eine Sprossenwand, Hüpfmatratzen, ein Zelt, Kleintierkäfige mit Auslaufmöglichkeit, Pflanzenecken, große Musikinstrumente wie Schlagzeug und vieles andere mehr.

4. Platzsparen ohne Funktionsverlust

Bei der Einrichtung von Kinderzimmern gibt es viele Möglichkeiten, Platz zu gewinnen oder zu sparen, was insbesondere für kleine Kinderzimmer wichtig ist. Hierzu einige Anregungen:

- Bei hohen Räumen, wie sie in Altbauten oft vorzufinden sind, kann eine Zwischendecke eingezogen werden. Hier läßt sich das Bett, eine Räuberhöhle, das „Musikzimmer", eine Bücherecke, eine „Werkstatt", eine Trauminsel usw. unterbringen. Diese Lösung ist selbst dann sinnvoll, wenn ein aufrechtes Stehen nicht möglich ist, weil es sich dennoch um eine Lebensraumerweiterung handelt. Bei Platzmangel für eine Treppe zur Zwischenetage bietet sich ein Kletterseil, eine Hängeleiter oder eine an der Wand befestigte Sprossenwand an, die allesamt zusätzlich einen sportlichen Anreiz geben. Aber auch das Anlehnen einer einfachen Holzleiter ist eine Möglichkeit, die Zwischenetage zu erreichen.
- Betten sollen tagsüber auch als Sitzgelegenheit genutzt werden können. Ein Bettkasten (neben oder unter dem Bett) leistet hier gute Dienste und hilft, das Bett in ein Sofa zu verwandeln. Bei der Lagerung von Zudecke und Kopfkissen unter dem Bett sollte jedoch darauf geachtet werden, daß eine gute Lüftung erfolgt, was sowohl für die Matratze als auch für das Bettzeug wichtig ist und eine Schimmelpilzbildung vermeidet.
- Klapp- oder Schrankbetten helfen ebenfalls Platz zu sparen, weil sie die Raumtiefe nicht unnötig einengen.
- Etagenbetten bieten sich für Zimmer an, in denen mehrere Kinder schlafen müssen. Das Aufstellen dieser Betten muß jedoch nicht „klassisch" übereinander erfolgen. Vielmehr kann das untere Bett über Eck aufgestellt werden, damit es gleichzeitig als Sitz- und offene Spielmöglichkeit dienen kann.
- Hochbetten können in unterschiedlichen Varianten konstruiert werden. Unter dem Bett kann sich ein Schrank (auch halbhoch) befinden, in dem Wäsche oder Spielzeug verstaut werden kann. Es besteht aber auch die Möglichkeit, unter dem Bett eine kleine Spielecke einzurichten, die durch eine zusätzliche Verkleidung mit Tüchern und Regalen zum Puppenhaus, zur Höhle, zum Kaufladen, zur Bücherecke usw. wird. Die Spielmöglichkeit des Hochbettes kann jedoch auch über dem Bett angeordnet werden, wobei sich ebenfalls viele Gestaltungsmöglichkeiten anbieten. Zum Beispiel kann durch Tücher ein Hausdach angedeutet werden, es kann ein Aussichtsturm entstehen, aufgespannte Segel können den Traum von einem Schiff entstehen lassen, eine Rutsche, ein Klettergalgen oder eine Hängeleiter können angebracht werden usw.

Hochbetten können auch Nachteile haben. Wenn sich das Bett oben befindet, so wird in manchen Fällen der Kontakt zwischen Eltern und Kindern erschwert. Beispielsweise setzen sich Eltern oder andere Erwachsene, die mit einem Kind zu tun haben, nicht einfach mal schnell aufs Bett, um dem Kind nahe zu sein, denn das Setzen ist dann immer mit dem zusätzlichen Aufwand verbunden, auf das Hochbett zu steigen. So unterbleibt vielleicht manchmal ein spontaner Kontakt. Auch die Zeremonie des abendlichen Zubettbringens oder die Pflege eines kranken Kindes kann durch den Höhenunterschied beeinträchtigt werden.

Der Befürchtung, daß durch die multifunktionale Nutzung der Betten als Klettergerüst oder Rutschbahn das Kinderzimmer so attraktiv wird, daß Kinder unter Umständen seltener nach draußen gehen und dadurch weniger Begegnungsmöglichkeiten mit Kindern der Nachbarschaft und Freunden haben, kann jedoch durch eine interessante Wohnumwelt entgegen gewirkt werden.

5. Spielmaterial als wichtiger Bestandteil des Kinderzimmers

Ein Kinderzimmer ohne Spielmaterial ist undenkbar. Während Kinder früherer Zeiten nur über sehr wenig Spielzeug verfügten, sind die heutigen Kinderzimmer in der Regel vollgestopft damit. Es existiert nicht mehr nur eine einzige Puppe, sondern es sind gleich fünf bis zehn oder mehr; es ist nicht mehr der eine Teddy, der das Kind im Schlaf begleitet, sondern es sind gleich Heerscharen von Stofftieren, die alle zusammen kaum ins Kinderbett passen; es sind nicht mehr zwei bis drei Autos, die ein Kind besitzt, sondern es sind vom großen Laster bis zum kleinen Matchboxauto in vielen Kinderzimmern 20, 30, 40, 50 und mehr Autos, die untergebracht werden wollen. Hinzu kommen Eisenbahn, Puppenwagen, Puppenstube, Kaufladen, Mondbasis, Piratenschiff, diverse Bau- und Konstruktionsspiele (Lego, Baufix, Fisherprice ...), vielzählige Gesellschaftsspiele, mehrere Puzzles, Computerspiele samt Computeranlage, Spielzeuge für draußen (Sandspielzeug, Rollschuhe, Schlittschuhe, Skateboard, Kettcar, Dreirad ...), Trendspielzeug (Pumuckel, Alf, Turtles, Gameboy, Dinos ...), Gewaltspielzeug (Gewehre, Pistolen, Hi-mans ...), Bücher, Bastelsachen und tausenderlei Kleinkram, den irgendwelche Leute als kleines Geschenk mitgebracht haben oder der übers Taschengeld erschwinglich war. Und dann sind da noch die vielen Fundsachen wie Schrauben, Nägel, Federn, Steine ...
    Diese Vielzahl an Spielzeug überfordert in erster Linie das Kind, das kaum noch ausdauernd mit den vielen einzelnen Dingen spielen kann, aber

auch das Kinderzimmer, das – ohnehin oft viel zu klein – kaum noch Aufnahmekapazitäten hat.

Der Druck der Spielzeugindustrie – hervorgerufen durch Massenangebote in Warenhäusern und gezielte Werbefeldzüge in den Printmedien sowie der Fernseh- und Rundfunkwerbung – schafft einen Konsumzwang, dem sich Kinder, Eltern und ihr soziales Umfeld nicht entziehen können. Spätestens mit dem Eintritt in den Kindergarten befinden sich die Kinder in dem Teufelskreis des „Habenmüssens". Jährlich wechselndes Trendspielzeug (Gameboy, Masters, Dinos ...) sorgt dafür, daß die Kinderzimmer mit Standardspielzeugen überfüllt werden, die in aller Regel sehr teuer sind und Jahr für Jahr von einer neuen Spielzeuggeneration überflutet werden.

Hinzu kommt, daß viele Spielzeuge, die sich in Kinderzimmern und damit in Kinderhänden befinden, qualitativ schlecht sind. Sie gehen schnell kaputt, haben einen geringen Spielwert, sind teilweise sogar umweltbelastend und gefährlich. Eine relative Sicherheit bieten Spielzeuge mit TÜV-Siegel, GS-Zeichen und „Spiel-gut"-Zeichen. Die genannten Probleme können durch eine gezielte Spielzeugauswahl angegangen werden. Hier sind besonders die Eltern gefordert, sich damit auseinanderzusetzen und kritische Überlegungen anzustellen Beispielsweise:

* Welches Spielzeug ist sinnvoll für mein Kind? (Berücksichtigung des Alters, der Interessen und Fähigkeiten.)
* Was ist qualitativ als „gut" zu bewerten? (Stabilität, Materialauswahl, Funktionstüchtigkeit, Form, Farbe, Umweltaspekt usw.)
* Was darf ein Spielzeug kosten? (Teures muß nicht zwangsläufig auch „gut" sein und preiswertes nicht „schlecht".)
* Muß jedem Spielzeugwunsch nachgekommen werden? (Dieses betrifft sowohl das Trendspielzeug als auch den Spielzeugberg, der sich bereits im Kinderzimmer angesammelt hat und durch Neuanschaffungen vergrößert wird.)
* Müssen Geschenke von Verwandten oder Freunden der Familie wahllos hingenommen werden? (Gezielte Absprachen vor Geburtstagen oder Weihnachten grenzen ungewollte Geschenkartikel aus.)
* Wer kann beratend tätig werden? (ErzieherInnen in Kindergärten, PädagogInnen in Schulen und pädagogischen Einrichtungen, Spielzeugfachgeschäfte – insbesondere „alternative" Spielzeugläden –, Verbraucherberatungsstellen, Kinderschutzbund usw.)

Spielmaterial ist nicht unbedingt nur gekauftes Spielzeug. Einen besonderen Wert stellt Selbstgemachtes dar, weil es einen persönlichen Bezug zum Kind hat. Dabei ist es unwichtig, ob das Kind dieses Spielzeug selbst angefertigt hat oder ob es beispielsweise durch die Eltern gebastelt wurde. Es ist auch unerheblich, ob es „perfekt" ist. Dieses Spielzeug hat einen Wert in sich.

Darüber hinaus können Kinder alles zum Spielen gebrauchen, was ihnen in die Hände gerät. Das können Naturmaterialien sein (Steine, Muscheln, Sand, Wolle, Baumrinde, Moos, Erde ...) oder Gebrauchsgegenstände, die industriell gefertigt wurden (Nägel, Schrauben, Glasdeckel, Gummis, Klammern, Kochlöffel ...). Dieses in der pädagogischen Fachsprache als „Zeug zum Spielen" bezeichnete Material ist ebenso wichtig wie „richtiges" Spielzeug und gehört damit auch in jedes Kinderzimmer.

Wichtig ist natürlich pädagogisch wertvolles Spielmaterial. Doch was darunter zu verstehen ist, ist je nach Sichtweise unterschiedlich. Selbst PädagogInnen sind sich in der Begriffsausfüllung nicht einig. Sicherlich gehört Holzspielzeug dazu. Doch wer genau hinsieht, weiß, daß es viele Qualitätsunterschiede gibt. Auch hierbei gibt es billige Industrieware, die funktionsuntüchtig ist, mit umweltbelastenden und gesundheitsgefährdenden Lacken behandelt wurde und bereits nach einmaligem Gebrauch kaputt geht. Qualitativ besseres Holzspielzeug ist im Fachhandel erhältlich, wobei insbesondere die „alternativen" Spielzeugläden eine besondere Auswahl haben (abgerundetes Vollholzspielzeug, Bienenwachs und Naturfarben als Holzbehandlung, formschöne und stabile Spielmaterialien, einfache und damit phantasieanregende Gestaltung). Solches Spielzeug ist zwar teurer als herkömmliche Fabrikware oder Plastikspielzeug. Durch seine Haltbarkeit und vielseitige Benutzbarkeit relativiert sich jedoch der Anschaffungspreis. Es kann gut und gerne an die nächste Kindergeneration weitergegeben werden.

Es soll nicht verhehlt werden, daß es auch gutes Kunststoffspielzeug gibt, das den Qualitätsanforderungen in Formgebung, Farbe, Funktionstüchtigkeit und Haltbarkeit gerecht wird. Legosteine gehören dazu, teilweise Produkte von Fisher-Price und anderes mehr.

Auch ein gewisser Anteil an Kitsch sollte nicht zwanghaft aus dem Kinderzimmer verbannt werden, jedoch auch nicht überhand nehmen. Die als pädagogisch empfehlenswert eingestuften Lernspiele (vom Puzzle über Memory bis hin zu Didakta, Wissensspielen etc.) sollten nicht als „Spiel" eingestuft werden, sondern ehrlicherweise als Lernmaterial, weil sie Lern- und Konzentrationsanforderungen an das Kind stellen, die schulischen Anstrengungen gleichkommen. Das bedeutet jedoch nicht, daß der Umgang mit dem Lernmaterial den Kindern keinen Spaß macht oder machen darf. Sicherlich ist es aus kaum einem Kinderzimmer wegzudenken.

In Bezug auf die Gestaltung eines Kinderzimmers nimmt das Spielzeug einen wichtigen Stellenwert ein, denn es ist sichtbar und prägt damit den Charakter des Raumes. Außerdem beansprucht es Platz und muß untergebracht werden. In aller Regel finden sich Eltern und Kinder in dem Spielzeugdschungel kaum noch zurecht. Es ist daher zu überlegen, welches Spielzeug das Kind wirklich braucht und vor allem wieviel davon. Natürlich muß das Kind in diese Überlegungen einbezogen werden und Entscheidungskompetenz haben. Manches läßt sich aussortieren und schafft Platz, der ja nicht unbedingt von neuen Spielzeugen eingenommen werden muß, sondern Freiraum bleiben kann. Tausenderlei Spielzeuge haben viele Ordnungsprobleme zur Folge, die oft in Eltern-Kind-Konflikten sowie Geschwisterstreitigkeiten enden, weil die Kinder kaum noch das wiederfinden können, was sie gerade suchen. Sie sind auch nicht mehr in der Lage, eine gewisse Ordnung herzustellen, weil die Spielzeugberge sie überfordern und den Überblick verlieren lassen.

Hilfreich ist hier ein Ordnungssystem (z.B. Körbe, stapelbare Kästen, Kommoden oder Schubladensysteme), das durch eine Grobeinteilung der Spielzeugaufbewahrung Orientierungshilfen gibt. Außerdem ist hierin das Spielzeug leicht eingeräumt. Es verstaubt nicht so schnell und sieht ordentlicher aus als in Regalen, die zudem durch ihre offene Repräsentation zu einer Reizüberflutung beitragen können, da die vielen kleinen Einzelteile beim Betreten des Zimmers stets in ihrer Gesamtheit wahrgenommen werden und die eintretende Person förmlich erschlagen können.

Eine übersichtliche Unterbringung von Spielmaterial hat auch zur Folge, daß Kinder sich besser zurecht finden. Sie ersparen sich und anderen Zeit durch Wegfall unnötigen Suchens. Die beim Suchen entstehenden Aggressionen und Frustrationen, die oft eine weitere Unordnung verursachen, bleiben aus. Das Kind erlangt in seiner ureigensten Umgebung Sicherheit und Autonomie. Es kann eine Verantwortlichkeit für das Kinderzimmer im Hinblick auf das Aufräumen entwickeln, weil der Überblick gewahrt bleibt. Dieser Aspekt hat auch etwas mit dem Wohlfühlen im Kinderzimmer zu tun – ein Zustand, der ja durchaus beabsichtigt ist und nicht sterile Ordnungsliebe meint.

6. Platzsparende Ideen

- Eine wirksame Methode, Platz zu sparen, ist in der Aussortierung von Spielzeug zu sehen. Sie kann auch vorübergehend erfolgen, wobei sich Keller oder Dachboden als Aufbewahrungsort anbieten.
- Kasperletheater, Kaufladen, Puppenecke und Puppenstube werden nicht ständig gebraucht. Aus diesem Grunde sind Lösungen sinnvoll, die nicht Stück für Stück den Platz des Kinderzimmers beanspruchen, sondern in Form eines Stecksystems platzsparend weggeräumt werden können. Aber auch ein nutzungsneutrales Holzkastensystem kann aufeinandergestapelt schnell zur Puppenstube werden, die Theke eines Kaufladens bilden oder die Basis des Kasperletheaters sein.
- Tücher sind ebenfalls platzsparende und zugleich phantasievolle Spielmittel. Sie können zum Budenbauen verwendet werden, als aufgehängtes

Dach ein Puppenhaus andeuten sowie Kasperlebühnen und Theaterkulissen bilden. Mit ihnen kann ein freistehendes Zelt im Zimmer aufgestellt werden. Als „Himmel" können sie über das Bett gehängt werden, in Form eines Raumteilers eine gemütliche Rückzugsmöglichkeit schaffen usw.

Zeichnung: Natalie Jürgens

- Türrahmen können zum Aufhängen von Schaukeln benutzt werden. Auch lassen sich zusammenrollbare Stoffkasperletheaterbühnen befestigen.
- Schranktüren oder Zimmertüren können zugleich eine Malwand sein, wenn Tafelfarbe darauf aufgebracht wird. Sie lassen sich auch als Pinnwand umfunktionieren.
- Stauraum, der sich unter Betten befindet, kann gut ausgenutzt werden, indem zum Beispiel darunter in Kästen Spielzeug gelagert wird. Große, auf Rollen befindliche Bettkästen könnten beispielsweise eine komplette Eisenbahnanlage unterbringen, die wegen ihrem Flächenanspruch oft monatelang nicht aufgebaut wird, weil sie das gesamte Kinderzimmer vereinnahmt. Hierbei muß jedoch an die Unterlüftung für die Matratzen gedacht werden.

Zeichnung: Natalie Jürgens

- Besonders reizvoll können Podeste sein, auf denen sich beispielsweise
  Spielecken oder Schlafecken befinden. Sie erhöhen nicht nur den individuellen Reiz des Kinderzimmers, sondern bieten wiederum Stauraum,
  zum Beispiel für ein herausziehbares Bett (Belüftungsschlitze einplanen!), für die erwähnte Eisenbahnanlage, die Lagerung von selten ge-
  brauchtem Spielzeug usw.
- Eine Eisenbahnanlage läßt sich aber auch mit einem Flaschenzug an die
  Decke ziehen.
- Platzsparend ist auch die Auslagerung von Möbeln und Spielmaterial in
  andere Zimmer. Ein Kleiderschrank findet vielleicht eine Unterbringungsmöglichkeit in einer breiten Diele oder im Elternschlafzimmer; für
  den Schreibtisch bietet sich eventuell eine Auslagerung ebenfalls dorthin
  oder aber auch ins Wohnzimmer oder in die Küche an. Eine Bastelecke
  paßt vielleicht in die Küche, und für eine zusätzliche Kleinkindspielecke
  ist unter Umständen ebenfalls im Wohnzimmer, in der Küche oder im
  Flur Platz.

Zeichnung: Natalie Jürgens

IV. Projekte für Kinder mit Kindern

Brigitte Pyka

NRW Ideenwettbewerb:
„Bau- und Wohnhits von Kids"

Wie wollen Kinder und Jugendliche leben?
Was würden sie ändern, wenn sie könnten?

1. Einleitung

Kinderwohnwelten sind durchstrukturiert und verplant von Erwachsenen. Kinder sind umgeben von Erwachsenenarchitektur, die den Gesetzen ihrer Vorlieben, ihrer Freizeitvorstellungen, ihrer Lebensgewohnheiten folgt. Wohnungen und Wohnbereiche sind ausgerichtet auf die Bedürfnisse der Erwachsenen. Längst nicht jedes Kind in Deutschland hat ein eigenes Kinderzimmer, ergab eine (überraschende) repräsentative Umfrage des Bielefelder Emnid-Instituts, die im Auftrag der BHW-Bausparkasse im Frühjahr '91 durchgeführt wurde. Die ansonsten häufig zu kleinen Kinderzimmer bieten nicht die Möglichkeit, dem Bewegungsdrang von Kindern und Jugendlichen innerhalb der Wohnung gerecht zu werden. Spielmöglichkeiten innerhalb des für Kinder erreichbaren Aktionsradius, also in Wohnungsnähe, weisen sich oft ebenfalls durch stereotype Zweckmäßigkeit aus.

Kurz gesagt: In Sachen kinderfreundlicher Architektur besteht in der Bundesrepublik noch ein gewaltiger Mangel.

Spontaneität, kreatives Handeln, Umwelterfahrungen und Abenteuer sind für Kinder und Jugendliche in ihrem unmittelbaren Wohnbereich nicht (mehr) selbstverständlich, spielen jedoch nicht nur in Träumen und Wunschvorstellungen eine große Rolle, sondern Kinder und Jugendliche haben spezifische Bedürfnisse, die ihren Wohnbereich betreffen.

Wohnen und Wohnumfeld sind für die Sozialisation der Kinder von außerordentlicher Wichtigkeit. „Gutes Wohnen", am besten mit einem eigenen Zimmer und viel Platz in der übrigen Wohnung, die gesamte bauliche Gestaltung der Umwelt, wie beispielsweise Schulen und Schulhöfe, Tageseinrichtungen, öffentliche Freiflächen und Einrichtungen, Arbeitsstätten und private Treffpunkte, sind wesentliche Voraussetzungen für eine kreative Entwicklung und freie Entfaltung.

Grundlage für eine bessere Wohnzukunft kann nicht die Sensibilisierung einiger weniger, konkret mit Planung, Gestaltung und Umsetzung befaßter, spezialkompetenter „Fachleute" sein – vielmehr muß dieses Bewußtsein unter allen Umständen in unserer Gesellschaft geweckt werden. „Um zum Erfolg zu kommen, bedarf es nämlich eines konzentrierten Zusammenwirkens

aller kompetenten Kräfte innerhalb eines neuen gemeinsamen Handlungs-
rahmens."[27]

Bevölkerung, pädagogische und öffentliche Einrichtungen, PolitikerInnen,
Verwaltungen sind neben ArchitektInnen und StadtplanerInnen ebenso
aufgerufen, sich mit dieser Problematik auseinanderzusetzen und in Kooperation neue Wege und Umsetzungsmöglichkeiten zu einer kinderfreundlichen Wohn- und Umweltgestaltung zu öffnen.

2. Der Wettbewerb

„Wir wollen Wohnungen planen für Menschen – nicht für Möbel" waren die
richtungsweisenden Worte von Prof. Dr. Hartmut Großhans vom
Gesamtverband der Wohnungswirtschaft e.V., Köln. Gemeinsam mit 9
anderen Jurymitgliedern mußte er aus den 65 eingereichten Bewerbungen
zum landesweit ausgeschriebenen Wettbewerb „Bau- und Wohnhits von
Kids" eine Auswahl treffen.

Mit einer so großen Resonanz hatte selbst das Ministerium für Bauen und
Wohnen Nordrhein-Westfalen (MBW) nicht gerechnet, als es zu Beginn des
Jahres erstmalig einen Ideenwettbewerb für Kinder ausschrieb.

Idee

Auf dem Hintergrund der oben beschriebenen Problematik betraute das
MBW im Oktober '91 die Landesarbeitsgemeinschaft Kulturpädagogische
Dienste/Jugendkunstschulen NRW e.V. (LKD) mit der konzeptionellen Lei-
tung des Wettbewerbs. Ein Vorteil dieser Kooperation lag darin, daß das
MBW Kontakte zu möglichen KooperationspartnerInnen wie ArchitektInnen, PlanerInnen herstellen konnte, während die LKD über pädagogische
bzw. kulturpädagogische Einrichtungen und ihre MitarbeiterInnen die Kinder und Jugendlichen direkt ansprechen konnte. Für alle Beteiligten war
diese Kooperation bisher einmalig.

---

27 Dipl.-Ing. Günther Koschany, Architekt BDB, Vorstand ‚Mehr Platz für Kinder e.V.', Essen,
   auf einem Workshop des BHW-Forums, April '91

Ziel

Ziel des Wettbewerbes war es, in der Öffentlichkeit, bei PolitikerInnen und Verwaltungen das Bewußtsein zu wecken, daß an den Bedürfnissen von Kindern oft vorbei geplant wird. Kompetenzen in Städten und Gemeinden sowie an allen offiziellen Stellen sollten zur Auseinandersetzung mit dieser Problematik aufgefordert werden und Anregungen erhalten, zukunftsorientiert zu arbeiten. Wünsche, Vorstellungen, Veränderungs- und Gestaltungsvorschläge, Wohnutopien und -phantasien von Kindern und Jugendlichen sollten Erwachsenen zeigen, daß Kinder durchaus ernstzunehmende Planer und Gestalter sind. „Kinder sind die geborenen Architekten. Wenn man sie läßt, bauen und basteln sie, ohne Diplom, ohne Ausbildung ihre Lebensräume selbst.", so Dr. Richard Peel, Berliner Psychologe auf einem Forum des Bundes Deutscher Architekten (BDA).

Eine breite Öffentlichkeit und möglichst viele Kinder sollten mit dem Wettbewerb erreicht werden, um eine repräsentative Meinungsvielfalt über Wohnutopien von Kindern zu gewährleisten. Die Ergebnisse sollten dem Ministerium als Grundlage für die exemplarische Entwicklung von Strukturen dienen, die Kindern und Jugendlichen ein Mitspracherecht an der Planung und Gestaltung von Wohn- und Lebensbereichen sichern.

3. Durchführung

Mit der Ende '91 an 10.000 pädagogische und kulturpädagogische Einrichtungen in NRW, darunter auch Schulen, verschickten Auslobung, wurden Kinder und Jugendliche aufgefordert, aus ihrer Sicht, Ideen, Wünsche und Konzepte für die Veränderung ihres Wohnraumes, ihres Wohnumfeldes zu entwickeln und darzustellen. Konkrete Veränderungs- und Gestaltungsvorschläge waren ebenso gefragt, wie Wohnutopien. Beurteilungskriterien herkömmlicher Art wurden dem Wettbewerb bewußt nicht zugrunde gelegt. Den TeilnehmerInnen waren demnach alle Möglichkeiten und Formen der Bewerbung offen. Teilnahmeberechtigt waren alle zwischen 8 und 18 Jahren; allein oder in Zusammenarbeit mit Kommunen, insbesondere Jugendämtern und anderen pädagogischen Institutionen.

Entsprechend breit war das Bewerberspektrum (siehe Graphik): Unter den AbsenderInnen fanden sich Schulklassen ebenso wie Kulturzentren und kommunale Kinderbüros, aber auch zahlreiche einzelne Kinder und Jugendliche. Auch inhaltlich kannte die Phantasie der Kids keine Grenzen. Sie erstreckte sich vom Kunstunterrichtsthema „Mein Traumhaus" über die Ge-

staltung eines Abenteuerspielplatzes, eines Marktplatzes oder einer Brach-
landschaft bis hin zu ökologischen Bauweisen und Lebensvorstellungen in
Gemeinschaften von Behinderten und Nicht-Behinderten.

Beteiligung der Einrichtungen am NRW-Ideenwettbewerb „Bau- und
Wohnhits von Kids" 1992

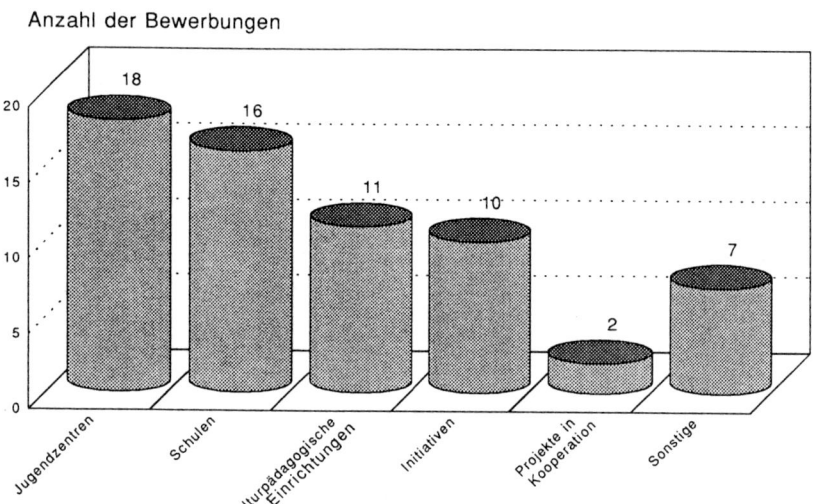

Anzahl der Bewerbungen

Da nicht vorgegeben war, wie die Projekte arbeiten sollten, sind sehr unterschiedliche Herangehensweisen zur Thematik „Bauen & Wohnen" zustan-
degekommen. Die erstellten Projekte lassen sich grob in drei Bereiche ein-
teilen: Einige Projekte gaben der künstlerischen Kreativität den Vorrang. So
entstand im Laufe eines halben Arbeitsjahres eine Rockoper mit dem Titel:
„Traumstadt", ein Theaterstück „Was wäre wenn die Wände wackeln?" und
eine Performance „Das Indianische Haus". Die meisten Projekte haben der
handwerklichen und gestalterischen Kreativität den Vorrang gegeben. Ca.
200 Modelle entstanden, die die Vorstellungen der Kinder von Wohnen und
Wohnumfeld anschaulich machten. Einen dritten Weg sind die Projekte gegangen, die die Ideen gleich verwirklicht haben – bei einem Ideenwettbewerb eher die Ausnahme. Daß es hier zur Realisierung kam, ist allein der
Motivation der BetreuerInnen aus Einrichtungen zu danken, die oft den
‚langen Marsch' durch die Bürokratie auf sich nahmen, um die Kinderwün-
sche weiterzuleiten. Die meisten Projekte wurden auf Video dokumentiert,
etliche Radiosendungen kamen zustande, ca. 1.000 Kinderbilder wurden ge-
malt und ebenso viele Fotos von den Aktionen der Kinder geschossen.

Breit gefächert war das Spektrum der Jury, die nach Ablauf der Aus-schreibungsfrist die Projekte nominieren mußte. Beteiligt waren ein Künst-ler, ein Kulturpädagoge, ein Kulturamtsleiter, eine Stadtplanerin ebenso wie VertreterInnen der Ministerien für Bauen und Wohnen, für Stadtentwick-lung und Verkehr, des Gesamtverbandes der Wohnungswirtschaft, der Inter-nationalen Bauausstellung (IBA), der Kooperative Freier Theater NRW e.V. und der Kinderbeauftragte der Landesregierung NRW, Dr. Reinald Eich-holz. Zunächst wurde grundsätzlich über die Förderkriterien diskutiert. Einerseits sollte eine möglichst breite Förderung gewährt, andererseits mo-dellhafte, exemplarische Projekte hervorgehoben werden. Der soziale Aspekt des Modells, die Beteiligung von Kindern, die Weiterentwicklung und Übertragbarkeit in die Realität, waren einige wichtige Auswahlkrite-rien. Das Antragsvolumen von 1,2 Millionen DM aller eingereichten Bewer-bungen machte es der Jury nicht leicht, die für den Wettbewerb vom MBW gestiftete Summe von 150.000 DM zu verteilen. Die Jury wählte 28 Projek-te aus, die für die Realisierung ihrer Konzeptionen finanzielle Unterstützung erhalten sollten. Einigkeit bestand unter den Fachleuten darüber, daß nicht nur die geförderten, sondern alle Projekte, die realisiert werden, präsentiert werden können.

Probleme bereitete der LKD die Suche nach einem Ort für die Präsenta-tion der ausgewählten Projekte, denn: Kinder(t)räume brauchen Platz! Die Stadt Waltrop, selbst mit großem Engagement am Wettbewerb beteiligt, stellte ein altes, leerstehendes Fabrikgebäude auf einem ehemaligen Ze-chengelände für die Ausstellung zur Verfügung.

Mit einem großen Spektakel, das Hunderte von Kindern und Jugendlichen aus Nordrhein-Westfalen nach Waltrop lockte, wurde am die Ausstellung 7. Oktober 1992 von NRW Bauministerin Ilse Brusis eröffnet. Wegen des durchaus repräsentativen Charakters der Modelle wurde die Ausstellung auf 14 Tage ausgedehnt und bot somit allen Interessierten, besonders Schulklas-sen, die Möglichkeit einer Besichtigung.

Die den Präsentationstag abschließende Podiumsdiskussion, besetzt mit VertreterInnen aus Ministerium, Stadtplanung, Kinderbüro und einer 10jäh-rigen Projektteilnehmerin, deren Zweck es sein sollte, einen Austausch und eine Annäherung zwischen Kinderinteressen und Erwachsenenwelten auszu-lösen, zeigte nur allzu deutlich, wie schwer Erwachsene sich damit tun, die Sprache der Kinder zu verstehen, geschweige denn, sie zu sprechen: Nach-dem anfangs auf konkrete Fragen der Kinder abstrakte, umschweifende Statements folgten, widmeten sich die jungen Zuhörer wieder ihren begon-nenen Schnitzarbeiten aus Weidenruten und überließen das Reden den „Großen". Anders in den am Vormittag stattgefundenen Arbeitsgruppen: Hier wurde ernsthaft ein Dialog zwischen Kindern und „Fachleuten" ge-führt, wie kindgerechter geplant und gebaut werden kann.

Ministerin: Von Kindern lernen –
Chance für Städteplaner und Architekten

Ilse Brusis sparte an diesem Tag nicht mit Anerkennung für die Entwürfe
und auch nicht mit Kritik an der Ideenlosigkeit im realen Lebensraum: „Die
Gestaltungsvorschläge der Kinder und Jugendlichen sind beispielhaft ... Erwachsene wissen wohl nicht so ganz, wie Kinder ihre Umwelt erleben." Die
Ministerin drückte ihre Hoffnung aus, daß „die Ergebnisse der Arbeiten einer breiten Öffentlichkeit bekannt werden und von Stadtplanern und Architekten aufgenommen werden."

4. Perspektive

Die Vielfalt der Ideen, die verschiedenen Herangehensweisen an die Umsetzung der Projekte, wie auch die Erfahrungen der Kinder wurden in Form
einer Arbeitshilfe veröffentlicht. Alle Projekte wurden ausgewertet, sämtli-
che Informationen dokumentiert, die die Mitsprache von Kindern an Planung und Gestaltung von Wohn- und Lebensbereichen sichern können. Es
ist ja nicht so, daß sich Politik, Verwaltung, Eltern usw. um die Belange der
Kinder bisher nicht gekümmert haben. Neu an dem Ideenwettbewerb und
der anschließenden Präsentation war, daß all das Engagement gebündelt zu-
sammentraf. Die beispielhafte Arbeit in den Projekten kann dazu ermutigen,
neue Handlungsstrategien zu entwickeln und selbst Initiative zu ergreifen.
Die in den Projekten gemachten positiven und negativen Erfahrungen im
planerischen und pädagogischen Bereich können genutzt werden zur Ideen-
findung für neue Projekte. Durch einen konkreten Bezug auf das jeweilige
neue Projekt können fehlgeleitete Investitionen von Anfang an ausgeschlossen werden. In der Öffentlichkeit, bei Verwaltung, PolitikerInnen, Eltern
etc. können Kinder als StadtplanerInnen ins Bewußtsein rücken, die Ernst-
haftigkeit ihrer Ideen mag dazu führen, daß ihre Beteiligung an Planungen
als realistische Möglichkeit in Betracht gezogen wird. Die menschenfreund-
liche Sichtweise der Kinder könnte so Eingang in behördliche Strukturen
finden. Der Informationsfluß, den der Wettbewerb ausgelöst hat, kann sich
weiterentwickeln durch neue innovative Projekte und somit ein noch detail-
lierteres und breiteres Bild einer zukünftigen Wohn- und Lebenswelt bieten.

5. Projektbeispiele

Öko-Dachgarten für Kinder

Der Kölner Vorort Ehrenfeld, Standort des prämierten Projektes, hat als Industriestandort schon längst seinen Höhepunkt überschritten. Qualm, Dreck, wenig Grün, U-Bahn-Baulärm und zum Teil beengte Wohnverhältnisse für multikulturelle BewohnerInnen sind geblieben. Das „Kölner Jugendwerkzentrum", bereits 1968 in eine spezialisierte Freizeitstätte für musisch-kreative Förderung umgewandelt, hat den Auftrag, die musische Förderung mit Sozialarbeit zu verknüpfen.

1988 wurde der zugrunde gelegten Idee vom erweiterten Wohnfeld als soziales Betreuungsangebot nicht nur ein „Wohnzimmer" mit Bibliothek, ein Küchen- und Eßraum eingerichtet, sondern auch eine logisch entwickelte Konzeption zur Gestaltung des Dach(Garten)-Balkons als Öko-Dachgarten, wo es eben auch mal was Leckeres zu ernten gibt, was gemeinsam gekocht und gegessen werden kann.

Ab Oktober 1990 bis Frühjahr 1991 wurden die baulichen Voraussetzungen geschaffen. Zusammen mit den BesucherInnen der Einrichtung wurden, wieder in Eigenleistung, eine Brüstungsabsicherung geschweißt und montiert, Pflanztische, Podeste und Pergolen geschreinert, Pflanztöpfe, Zierzubehör und Gartenkleinplastiken getöpfert. Während dieser Aktionen wurde klar, daß der Öko-Dachgarten mehr als nur einer materiellen Bewirtschaftung dienen sollte. Neben dem ökonomischen Zweck sollte dieses Projekt den 6-15jährigen, multikulturellen BesucherInnen die Aspekte Aktion, Erleben, Lernen, Muße bieten.

Pädagogische Ziele wurden formuliert:

– Gestaltung und Nutzung eines selbstbestimmten Wohnumfeldes
– Heranführung an die Natur
– Aktive Haltung zu Natur und Umwelt unter Berücksichtigung ökologischer Gesichtspunkte
– Differenzierung des Wahrnehmungsvermögens
– Außerschulische Bildung durch direkte Anschauung und Aktivität.

Die Erstbepflanzung wurde unter dem Gesichtspunkt der Ausgewogenheit, der Abwechslung und Vielfalt von Nutz- und Zierpflanzen vorgenommen. Die erste Ernte wurde im Kinderkochclub zubereitet und gemeinsam verzehrt. In den folgenden Wintermonaten wurde das Erlebte in selbstgestalteten Natur- und Gartenbüchern festgehalten, die Bibliothek im „Wohnzimmer" fleißig dafür genutzt. Damit war ein weiteres pädagogisches Ziel – interdisziplinäre Nutzung von Dachgarten, Küche und Bibliothek als zusammenhängende Erlebniswelt – erreicht. Als die „Dachgarten-Kinder" anfang

1992 die Auslobung zum Ideenwettbewerb „Bau- und Wohnhits von Kids"
erreichte, sahen sie sich gut gerüstet.

Fotos: Kölner Jugendwerkzentrum

„Spielraum in Diessem"

Hardenberg, östlicher Teil des Stadtbezirks Mitte, ausgewiesen mit der
höchsten Wohndichte Krefelds. Äußerlich kennzeichnen eine drei- bis fünf-
stöckige Bebauung mit nur wenigen Frei- und Grünflächen dieses Viertel.
Die stets steigende Kinderdichte liegt weit über dem Stadtdurchschnitt. Der
Anteil ausländischer Kinder und Jugendlicher, vorwiegend in den hiesigen
Übergangs- und Asylantenwohnheimen untergebracht, beträgt derzeit 40%.
Alleinerziehende, Arbeitslosigkeit und die damit verbundenen materiellen
Probleme – all dies macht die hohe soziale Belastung dieses Viertels deut-
lich, die Notwendigkeit sozialer Einrichtungen ist unübersehbar. Einzige im
Stadtteil gelegene Jugendfreizeiteinrichtung ist das Werkhaus e.V., dem die
Jugendkunstschule angeschlossen ist.

In der nächsten Umgebung des Werkhauses, ca. 200 Meter entfernt, liegt das Gelände Dießemer Str. 92. Diese 3000 qm große Fläche, auf der sich mehrere städtische Gebäude befinden, wird derzeit zum Spiel- und Begegnungsplatz umgestaltet und bieten hervorragende Voraussetzungen für eine Zentrumsarbeit im Viertel.

Schon in der 1988 begonnenen bürgerschaftlichen Diskussion zur Gestaltung der gesamten Freifläche waren klare Ansätze einer an sozialkultureller Gemeinwesenarbeit orientierten Konzeption für die Nutzung zu erkennen. Die Bürgerschaft erklärte sich bereit, das Gelände selbst zu gestalten und gründete einen Verein, der die Sache voran treiben sollte. Der „Spiel- und Begegnungsplatz e.V." aktivierte weitere BürgerInnen, KommunalpolitikerInnen und Verwaltung. Der Beginn einer Vernetzung von Institutionen und Vereinen, zu denen auch das Werkhaus e.V. gehörte, war erkennbar.

Um auch den Kindern als zukünftigen Nutzern eine Mitgestaltungsmöglichkeit für das auf dem Gelände geplante Spielhaus zu bieten, hat sich der Bereich „Offene Türen" der Jugendkunstschule am NRW-Wettbewerb „Bau- und Wohnhits von Kids" beteiligt. Etwa 50 Kinder zwischen 6 und 16 Jahren erstellten innerhalb eines halben Jahres Modelle des umzugestaltenden Gebäudes, die ihren Vorstellungen und Ideen entsprachen.

Unter Anleitung von DesignstudentInnen, KommunikationsdesignerInnen und PädagogInnen entstanden zunächst formgleich Einzelmodelle, die zu einem Spielehochhaus zusammengestellt wurden. Es folgte ein gemeinschaftliches Modell; eine Gebäudeseitenansicht mit angedeutetem Spielplatz und flexibel gestaltbarer Fassade. Das interessante dieses Modells ist die angewandte Technik: Die von den Kindern maßgerecht auf Folien gemalten individuellen Ideen zur Fassadengestaltung sind austauschbar. Jedes Kind hat so die Möglichkeit, seinen Entwurf vor das vorhandene Modell zu setzen und somit für alle anschaulich zu machen. Geschickt gelöst haben die ProjektteilnehmerInnen die Darstellung der Inneneinrichtung und des Außengeländes. Auf den für die Präsentation angefertigten Fotos war für den Betrachter kaum erkennbar, daß es sich um Miniaturmodelle, hergestellt aus Alt- bzw. Alltagsmaterialien wie beispielsweise Kronkorken, handelte. Mit dem Ziel einer breiten bürgerschaftlichen und generationsübergreifenden Aktivierung der ViertelbewohnerInnen fanden im Kontext des Projektes noch eine Vielzahl von Aktionen statt: Mit viel Einsatz wurde eine Stadtteilordnungsralley durchgeführt und ein „Spielhaus-Spiel" entwickelt. Alles in allem – ein sinnvolles Projekt. Wenn sich zuguterletzt die durchaus realistischen Kindervorstellungen zur Spielhausgestaltung noch verwirklichen, wäre das Projekt nicht nur eine abgerundete Sache, primär würden Selbstentfaltung und Selbstbewußtsein der ansonsten sozial benachteiligten Kinder und Jugendlichen gestärkt, die Motivation zur aktiven Umwelt- und Freizeitgestaltung gesteigert.

Detlef Haak

Spielwald für Kinder

Hellersdorf im Nordosten der Hauptstadt, eine der geschmähten „Betonwüsten", fordert vorurteilsfreie Bürger zum Handeln. Kindern bietet der jüngste Stadtbezirk wie kaum in einer anderen Stadt Freiräume für eine selbstbestimmte Umwelt.

In den letzten fünfzehn Jahren entstand auf märkischem Heideland mit Marzahn, Hohenschönhausen und Hellersdorf eines der größten Wohnungsballungsgebiete Deutschlands. Ein Drittel der 400.000 Einwohner sind Kinder. Das Durchschnittsalter beträgt dreißig Jahre. Die drei jungen Stadtteile verfügen also über eine sichere Zukunft und sozialen Zündstoff. Wohin die Waage sich neigt, darüber entscheiden die Kommune, jeder ihrer Bürger und damit hoffentlich nicht zuletzt die Kinder. Die jüngsten Bürger zu lehren, sich ihrer Umwelt anzunehmen, sich anzueignen, braucht Vertrauen, Liebe, Geduld, Ideen der Gesellschaft und Menschen, die die Heranwachsenden auf ihren Weg ins Leben begleiten, sie fordern und fördern. Einer dieser Hellersdorfer ist Wolfgang Altenburger. Um ihn sammelten sich bereits Tage nach dem Einzug Kinder aus dem Haus und der Nachbarschaft. Gewohnt, sich mit Mangelhaftem, Unfertigem, Ärgerlichem nicht abzufinden, stolpert Wolfgang Altenburger nicht über Schutt, er hebt Steine auf, die im Wege liegen, findet für alles eine Verwendung. Zunächst von Neugierigen belächelt, beteiligt sich bald der eine oder andere Zuschauer. Vor allem Kinder halfen beim Aufräumen und Ordnen vor der Haustür. Sie fühlen sich dabei wohl. Wieso? Wir befragten den Jung-Hellersdorfer.

Im Hellersdorfer „Blickpunkt" lasen wir Ihr Angebot an „die Kinder und Jugendlichen des Stadtbezirkes, sich gemeinsam mit ihren Eltern und weiteren Erwachsenen einen „Spielwald" zu gestalten." Wie kamen Sie auf diese abenteuerliche Idee?

Sie liegt, wie man so sagt, auf der Straße oder in unserem Fall, auf dem öden Feld vor der Stadt, entspricht meinen jahrzehntelangen Erfahrungen. Als ich die vielen Freiräume zwischen den Wohnblöcken und am Stadtrand sah, ließ es mir keine Ruhe. Daraus ist doch für und mit den Kindern etwas zu machen. Warum sollte in Hellersdorf nicht möglich sein, was anderswo gelang? Viele Jahre verbrachte ich meine Freizeit mit neugierigen, findigen lustigen, aktiven Mädchen und Jungen. Gemeinsam streiften wir durch Städte, Dörfer, Wälder und über Felder. Unterwegs sprachen wir mit Bergleuten, Bauern, Pfarrern, Wissenschaftlern, Omas und Kindern, suchten im Alltag Ungewöhnliches. Da wir Augen und Ohren offen hielten, wurden wir fündig. Uns erzählten die Steine am Weg und die Vögel in den Lüften, die Porzellanscherben im klaren Bach ebensolche wundersame Geschichten, wie die Inschriften auf halbverfallenen Gräbern.

Wo auf der Wanderung unsere Neugier nicht befriedigt werden konnte, suchten wir zu Hause in Büchern oder Museen Antworten. So entstanden neue Pläne für gemeinsame Wanderungen, Exkursionen oder Expeditionen. Alles blieb Spiel, bereicherte die Freizeit, vor allem die Ferien, behielt und erhielt den Hauch des Geheimnisvollen. Auf allen Wegen begleitete uns die Phantasie: In Thüringen folgten wir den Münzerschen Bauernhaufen, mit den Augen Karl Stülpners zogen wir durch das Erzgebirge, Fontane führte uns durch die Mark Brandenburg.

Nun bin ich nach Hellersdorf gezogen. Hier sind besonders findige, phantasievolle Entdecker, kühne Träumer gefragt. Zunächst stellt man sich einfache Fragen: Wer wohnt nebenan, über oder unter uns? Wozu bauen die Leute solch breite Trasse vor dem Haus? Wie gestalten sich die Vorgärten? Was wächst, was lebt in der Hellersdorfer Weiherkette? Wer siedelte in alten Zeiten hier? Oder: Hocken sich auch die Hellersdorfer Kinder in ihren Zimmern den lieben langen Tag vor die Röhre? Toben sie zum Ärger der Erwachsenen über Flure und Treppenhäuser? Können wir bald an Häuserwänden und anderswo ihre „Kunstwerke" bestaunen?"

Die Antworten wollte ich nicht dem Zufall überlassen. Vor der Haustür begann ich aufzuräumen. Vom Wasser polierte Kieselquader, Gewächse aus Schrebergärten und Wildwuchs fügten sich zu einer ansehnlichen Oase. Passanten stutzten, blieben stehen, halfen zuerst zögernd, schließlich wie selbstverständlich, Kinder ergänzten, vergrößerten, pflegten unsere kleine Anlage. Diese Initiative rief auch Erwachsene auf den Plan. Väter erteilten Ratschläge und die Straßenbauer schleppten mit der Raupe unübersehbare Findlinge heran. Nach Monaten entstand ein Steingarten zum Bewundern, Befühlen, Besteigen, Vervollständigen – ein Stück freundliche Natur vor dem Haus, das sich damit zum ersten Mal von den anderen, gleichen unterschied. Und wer es wissen will, dem antworten die Kinder: diese Steine polierte ein Eiszeitgletscher, das fanden wir auf dem Ödland. Sie dürfen nähertreten. Anfassen und Besteigen sind erlaubt.

Unser Vorgarten entstand ohne Plan, bedurfte keiner langatmigen Aufforderungen. Frei und willig arbeiteten drei- und dreiundsechzigjährige Gartenarchitekten. Alle freuen sich über ihr Werk, das selbst den Fahrgästen der Straßenbahn und den Autofahrern auffällt.

Sollte das kein Grund für Optimismus sein?

Nun besteht ja ein Unterschied zwischen einhundert Quadratmetern direkt am Haus und 27.500 Quadratmeter vor der Wohnsiedlung. Das verlangt schon vorausschauende Überlegungen, einigermaßen gesicherte materielle Voraussetzungen sowie viele, viele Ideen und kräftige Arme. Ist das nicht selbst für einen optimistischen und vitalen Senior eine Nummer zu groß?

Ich bin kein Ignorant. Selbst in unserer immer mehr zur Anonymität trifftenden Gesellschaft lebt man nicht als Einsiedler. Zunächst verfüge ich ja über die „erfahrenen" Mitarbeiter am Steingarten. Bei ihren Streifzügen nach Bau- und Pflanzenmaterial fanden wir ja das ungenutzte Land, den ausgetrockneten Teich, die ehrwürdigen Weiden, Spuren von Hasen, Rehen und Wildschweinen. Das Land gehörte der aufgelösten Genossenschaft. Nun verwaltet es die Treuhand. Zahlreiche Behördengänge machten mich zum Pächter: 27.000 qm für 67,– DM (siebenundsechzig). Sollte das kein Grund zum Träumen sein? Viele Kinder sehen bereits ihren Wald, in dem sie fast alles tun dürfen, was sonst verboten ist: klettern, schleichen, auch mal toben, mit dem Floß fahren, Hütten bauen, Bäche anlegen und vieles mehr. Tiere soll es geben zum Beobachten und zum Anfassen. Unsere Idee schlug bereits Wellen: in den umliegenden Schulen, in Freizeiteinrichtungen. Der Kinder- und Jugendklub Kids & Co startete einen Aufruf, es beteiligten sich der Bürgermeister der Nachbargemeinde Eiche, selbst aus dem Bezirksamt Hellersdorf erhielten wir positive Signale.

Damit alles Rechtens geht und auch das notwendige Geld fließt, entstand das Kinder- und Jugendobjekt „Spielwald". Stadtkinder sollen die Chance erhalten, die Wohnumwelt ihren Ideen und Kräften entsprechend zu gestalten, ihre Phantasie zu entfalten. Es liegt auf der Hand, dabei gewinnen sie Vertrauen in die eigene Kraft, stellen sich vielfältige soziale Beziehungen her, sammeln sie wertvolle Erfahrung. Allmählich wird aus der Schlafstadt ihr Hellersdorf, – in dem sie spielend arbeiten und arbeitend spielen, bleiben die Bildschirme im Spielzimmer länger dunkel.

Unser Spielwald wird nie fertig. Realisiertes produziert neue Ideen, Irrtümer bedürfen der Korrektur. Das Schwierigste wird sein, unserem Spielwald den langen Atem einzuhauchen, den die Natur verlangt. Wir glauben, daß es uns gelingt, viele bei der Stange zu halten, bis die Bäume auf uns herabschauen und dabei den Stafettenwechsel nicht verpassen.

Ihren Optimismus begründen Sie mit Hunderten Ideen, die die Kinder bereits entwickelten. Wer waren die Autoren? Was wünschen sie sich?

Kinder der 4. bis 6. Klassen umliegender Schulen schickten uns Skizzen. In ihrem Spielwald soll es vor allem Grün geben: Bäume, Sträucher, Blumen, Wiesen. Nie fehlt Wasser, auf und mit dem gespielt werden kann. Tiere soll es geben. Spezielle, komplizierte Spielmittel sind kaum gefragt. In ihrem Wald wollen die Mädchen und Jungen spielen, sind freie Räume für Rollenspiele gefragt, die sie selbst entwickeln, deren Inhalte sie Büchern und dem

Fernsehen entleihen. Imbißstände, bei uns in den letzten Jahren wie Pilze nach einem warmen Regen überall gesprossen, fehlen auf keiner Zeichnung.

Wie geht es weiter?

In den nächsten Wochen berät ein „Waldparlament der Kinder". Es verdichtet die Vorschläge und schreibt für Interessierte Teilobjekte zur Feinplanung aus. Wir werden uns bemühen, für jede dieser Gruppen feinfühlige Berater zu finden. Die Kinder sollen möglichst von Anfang an selbst planen, überlegen, entscheiden, auch verwerfen. Und sobald das Wetter es zuläßt, beginnt die Arbeit im Freien. Da wird es sich zeigen, ob die Projektanten bereit und fähig sind, im Schweiße ihres Angesichts mitzuhelfen, ihre eigenen Ideen Wirklichkeit werden zu lassen.

Parallel entstehen erste Spielideen. Mitarbeiter von Freizeiteinrichtungen, Lehrer, Eltern, ältere Geschwister unterstützen die künftigen Spielleiter dabei. Und wird dann im Freien gearbeitet, ist bereits jetzt immer ein Spiel zur Hand.

Wolfgang Altenburger nahm in Hellersdorf ein Objekt in Angriff, das davon ausgeht, den Kindern Freiräume zum Toben, zum Erproben von Kraft und Ideen zu schaffen. In einer dichtbesiedelten Wohngemeinde sollen Mädchen und Jungen Gelegenheit haben, sich auszuleben, ohne auf kriminelle Fernsehidole zurückzugreifen und ohne ihre empfindlichen erwachsenen Mitbürger gleich „auf die Bäume" zu bringen. Und noch ein Aspekt scheint uns bemerkenswert. Bei uns gab es viele Spielplätze. Einmal eingerichtet, wurden sie bald „vergessen" und keiner kümmerte sich mehr um sie. Jetzt entstehen anregende Spielräume mit lustigen, auffordernden Geräten, vor allem für Vorschulkinder. Die Größeren benötigen aber ebenfalls Abenteuerspielräume. Für die vielen Freiräume sind Ideen und Träger gesucht.

Und nun noch eine Nachbemerkung:

Die Treuhand schließt Pachtverträge nur für jeweils ein Jahr ab. Einmal verlängerte sie bereits die Pachtvereinbarung mit Wolfgang Altenburger. Es braucht politischen Druck, damit daraus ein „Lebenswerk" d.h. ein langfristiges Abkommen wird.

Spielwald für Kinder

H. Simon, Klasse 4b, 32. Grundschule

Legende:

1	Quelle	6	Klettergerüst	11	Wiese
2	Wasserfall	7	Wald	12	Dickicht
3	Bäume	8	Badesee	13	Lagerfeuerplatz
4	Sumpf	9	Tobewiese	14	Sprungbrett
5	Buddelkasten	10	Holzburg mit Graben	15	Kahnfahrt

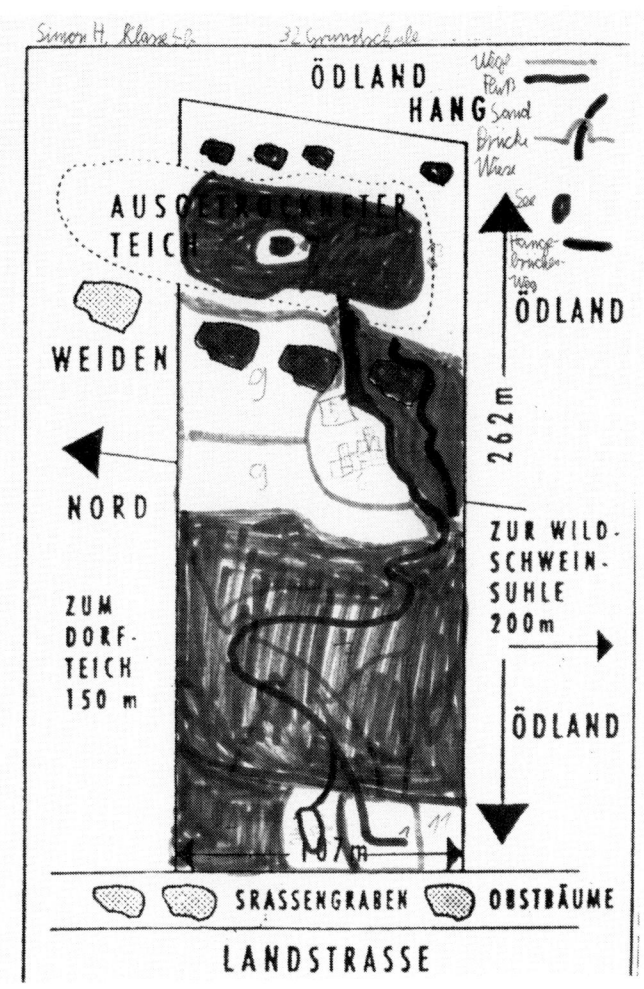

V. Anhang

Literatur

Andritzky, M. (Hrsg.): Für eine andere Architektur, Frankfurt 1981
Andritzky, M./Spitzer, K. (Hrsg.): Grün in der Stadt, Hamburg 1981
Beck, I.: Straßenspiele, in: Ästhetik und Kommunikation 10 (1979), 38ff
Beck, U./Beck-Gernsheim, E.: Das ganz normale Chaos der Liebe, Frankfurt 1990
Bengston, A.: Ein Platz für Kinder, Wiesbaden 1971
Bleuel, H.-P.: Kinder in Deutschland, München 1971
Brachmann, K.: Kinderspielplätze, München 1971
Brügger, T./Voellmy, L.: Das Spielplatzbuch, Zürich 1984
Bundesministerium für Jugend, Familie und Soziales (Hrsg.): Kinderspielplätze –
    Beiträge zur kindorientierten Gestaltung der Wohnumwelt, Teil 1 und 2, bearbei-
    tet von Schottmayer, G./Christmann, R., Stuttgart 1977
Bundeszentrale für gesundheitliche Aufklärung: Die neue Sicherheitsfibel. Ein Ratge-
    ber für Eltern zur Verhütung von Kinderunfällen, Eigenverlag (s. Adressen „Kin-
    derfreundliches Wohnen")
Dessai, E./Alt-Rosendahl, R.: Wohnen und Spielen mit Kindern, Frankfurt 1978
Dessai, E.: Kinderfreundliche Erziehung in der Dreizimmerwohnung, Frankfurt 1978
Deutsche Gesellschaft für Freizeit e.V./Ministerium des Inneren für Sport des Landes
    Rheinland-Pfalz (Hrsg.): Spielplatzbau und spielgerechte Wohnumwelt, Düssel-
    dorf 1980
Deutscher Kinderschutzbund, Bundesverband (Hrsg.): Keine Angst vor Nachbarn!
    Hannover 1982
Deutscher Kinderschutzbund, Bundesverband (Hrsg.): Tempo 30 – aber schnell!!
    Hannover 1986
Deutscher Kinderschutzbund, Bundesverband (Hrsg.): Planungsgröße Kind – für ei-
    nen menschenfreundlichen Verkehr, Hannover 1987
Deutscher Kinderschutzbund, Bundesverband (Hrsg.): Beziehungsmangel in der
    Überflußgesellschaft – eine Gefahr für unsere Kinder? Hannover 1985
Deutscher Kinderschutzbund, Bundesverband (Hrsg.): Hilfe statt Gewalt, Hannover
    1989
Deutscher Kinderschutzbund, Ortsverband Hamburg (Hrsg.): Lebensraum Straße,
    Hamburg 1981
Deutsches Jugendinstitut (Hrsg.): Spiel im Kindesalter, München 1971
Deutsches Jugendinstitut: Wie geht's der Familie? München 1988
Deutsches Kinderhilfswerk (Hrsg.): Ein diamantener Plan für den Kinderbürger.
    Band 1: Deklaration des Kinderhilfswerkes e.V., München 1979
    Band 2: Spielen im städtischen Naherholungsgebiet, München 1980

Band 3: Beratungsangebote zur kindorientierten Gemeindeplanung, München 1980

Band 4: Umwelt und Spiel – Bausteine für eine kindgerechte Gemeinde, München 1980

Ehni, H./Kretschmer, J. u.a.: Kinderwelt: Bewegungswelt, Seelze 1982

Flitner, A. (Hrsg.): Das Kinderspiel, München 1988

Freie Forschungsstelle für Spielplatzplanung (Hrsg.): Spielen in der Stadt, Hardt 1985 und 1987

Germanisches Nationalmuseum (Hrsg.): Spiel. Spiele. Kinderspiele, Darmstadt 1985

Griesbeck, J.: Auf die Plätze, fertig, Spa0! München 1980

Grüne Alternative Liste (GAL) Münster (Hrsg.): Spielparadies oder Kindergettho? Münster 1984

Grüneisl, G./Zacharias, W.: Die Kinderstadt – eine Schule des Lebens, Reinbek 1989

Günther-Thoma, K. u.a.: Kinderplanet oder das Elend der Kinder in der Großstadt, Reinbek 1972

Hanesch, W. u.a.: Armut in Deutschland – Der Armutsbericht des DGB und des Paritätischen Wohfahrtsverbands, Reinbek bei Hamburg 1994

Hansen, P.: Ein Dach über'm Kopf, Kinderschutz aktuell 2/91

Harms, G./Mannkopf, L. (Hrsg.): Spiel- und Lebensraum Großstadt, Berlin 1989

Hauser, R./Hübinger, W.: Arme unter uns – Ergebnisse und Konsequenzen der Caritas-Armutsuntersuchung, Deutscher Caritasverband (Hrsg.), Freiburg 1993

Hintzsche, B.: Grundsätze für ein Forderungspapier zum familiengerechten Wohnen und zum familiengerechten Wohnumfeld, Manuskript des Dt. Städtetages, Köln 1993

Höltershinken, D.: Spielzeit, Freiburg 1980

Höltershinken, D.: Gemeinsam auf den Spielplatz, Freiburg 1978

Huizinga, J.: Homo ludens, Hamburg 1956

Huster, E.-U.: Reichtum in Deutschland – Der diskrete Charme der sozialen Distanz, Frankfurt/New York 1993

Institut für Landes- und Stadtentwicklungsforschung des Landes Nordrhein-Westfalen (ILS) (Hrsg.): Stadt-Kinder, ILS-Schriften Heft 62; Dortmund 1992

Jaedicke, H.: Die elementare Bedeutung von Landschaft, Freiraum und naturhaften Strukturen für die Entwicklung des Kindes. In: Garten und Landschaft, Heft 12, München 1979

Klug, H.-P./Roth, M. (Hrsg.): Spielräume für Kinder, Münster 1991

Kluge, N.: Spielen und Erfahren, Bad Heilbrunn 1981

Kokkelink, E./Menke, R.: Die Straße und ihre sozialgeschichtliche Entwicklung, in: Bauwelt, Heft 12, 1977, S. 16ff

Kraus, B.: Spielecken, Spielplätze, Basel 1979

Kraus, B.: Spiele für den Spielplatz, Basel 1983

Krause, H.J.: Kinder in der inneren Stadt, Teil I und II, Hamburg 1977

Krüger, K.-H.: Spielplatznot, Stuttgart 1973

Kujath, H.J.: Quantitative und qualitative Aspekte des Familienwohnens, Manuskript des Institutes für Entwicklungsplanung und Strukturforschung als Beitrag zur Fachtagung der Dt. Nationalkommission für das Internationale Jahr der Familie 1994, Seeheim-Jugenheim 12.-14.3.1993

Lauwe, M.-J. C. de: Kinder-Welt und Umwelt-Stadt, in: Arch+ Heft 34, 1977, S. 26ff

Liebich, H./Zacharias, W. (Hrsg.): Welt des Spiels – Spiele der Welt, München 1990

Lippitz, W.: Räume – von Kindern erlebt und gelebt. In: Lippitz, W./Rittelmeyer, C. (Hrsg.): Phänomene des Kinderlebens, Bad Heilbrunn 1989, S. 93-106

Meyer, B. (Hrsg.): Kind und Spiel im öffentlichen Raum, Bonn 1979

Meyer, B.: Spielräume in der Stadt. In: Kreuzer, K.J. (Hrsg.): Handbuch der Spielpädagogik, Bd. 3, Düsseldorf 1984, S. 591-606

Meyer B./Schröder, E. (Hrsg.): Die junge Generation bestimmt mit, München 1985

Meyer, B.: Animation durch Planung – Beteiligung von Kindern an Planungsprozessen. In: Animation, Heft 10, 10. Jg., 1981, S. 324-327

Meyer, B.: Mut zur Lücke – Spielräume in der Stadt als Herausforderung für Planer und Pädagogen. In: Animation Heft 4, 9. Jg. 1988, S. 74-79

Meyer, B.: Friede auf den Straßen? Partizipationsfähigkeit als Ziel sozialer Arbeit. In: Alfs, M./Dominowski, T. (Hrsg.): Arbeit am verlorenen Frieden, Münster 1993, S. 56-714

Ministerium für Arbeit, Gesundheit und Soziales des Landes NRW (Hrsg.): Spielen. Erprobungsmaßnahme des Landes Nordrhein-Westfalen. Verbesserung der Spielsituation für Kinder, Düsseldorf 1985

Ministerium für Arbeit, Gesundheit und Soziales des Landes NRW (Hrsg.): Kinderarbeit, Düsseldorf 1991

Möchlinghoff, M./Singer, C.: Bilder zum Lernen auf der Straße, in: Ästhetik und Kommunikation Heft 38, 10. Jg., 1979

Mühlich, E. u.a.: Zusammenhang von gebauter Umwelt und sozialem Verhalten im Wohn- und Wohnumweltbereich. In: Schriftenreihe „Städtebauliche Forschung" des BMfRBS 03.062, Bonn 1978

Niermann, J.: Der Kinderspielplatz. Ein Handbuch zur Planung, Gestaltung und Betreuung von Spielplätzen, Köln 1976

Paritätisches Bildungswerk NRW: Wohnungsnot und Obdachlosigkeit. Expertise zum Landessozialbericht, Ministerium für Arbeit, Gesundheit und Soziales des Landes NRW (Hrsg.), Düsseldorf 1993

Piaget, J.: Nachahmung, Spiel und Traum, Stuttgart 1975

Postman, N.: Das Verschwinden der Kindheit, Frankfurt 1983

Preuss-Lausitz, U. u.a. (Hrsg.): Kriegskinder, Konsumkinder, Krisenkinder: Zur Sozialisationsgeschichte seit dem Zweiten Weltkrieg, Weinheim 1983

Rönnebeck, K.: Stadterweiterung und Verkehr im 19. Jahrhundert, Schriftenreihe der Institute für Städtebau der TH und Universitäten, Heft 5, Stuttgart 1971

Rohrer, F. u.a.: Spielen auf Straßen und Plätzen, Gelnhausen 1982

Scherian, M./Stürzbecher, A./Lohmann, I./Feger, R.: Spielen, Bauen, Basteln. Oberhausen 1983

Schottmeyer, G./Christmann, R.: Kinderspielplätze, Stuttgart 1977

Schreiber, A.: Straßen-, Gassen- und Bürgerfeste, Ravensburg 1982

Schröder, B.: Kinderspiel und Spiel mit Kindern, München 1980

Sommerfeld, D.: Noch immer Wohnungsneubau in der Stadt? Eine Baumaßnahme in Frankfurt am Main. Gemeinnütziges Wohnungswesen 1988, Heft 10

Spanhel, D./Zangl, A.: Was Eltern über Spiel denken und wie sie mit ihren Kindern spielen. Erste Ergebnisse aus einem Forschungsprojekt zur Bedeutung des Spiels in der Familie. In: Spielmittel, Heft 3, 1988

Spitzer, K.: Zehn Gebote zum Spielplatzbau, Darmstadt 1982

Spitzer, K./Günter, J. und R.: Spielplatzhandbuch, Hamburg 1980

Steuer, H.: Spielen in der Stadt, Reinbek 1983

Sutton-Smith, B./Sutton-Smith, S.: Hoppe, hoppe Reiter. Die Bedeutung von Kinder-
  Eltern-Spielen, München 1986
Thiemann, F.: Kinder in den Städten, Frankfurt a.M. 1988
Thomas, I.: Bedingungen des Kinderspiels in der Stadt, Stuttgart 1979
Weidacher, A.: Familiengerechtes Wohnen... Manuskript als DJI-Beitrag zur Fachta-
  gung der Dt. Nationalkommission für das Internationale Jahr der Familie 1994,
  Seeheim-Jugenheim 12.-14.3.1993
Weiß, K.-D.: Treppen, aber was für welche! Bauwelt 1987, Heft 42
Wohnbund e.V. (Hrsg.): Gemeinsam und Selbstbestimmt, Darmstadt 1988
Zacharias, W. (Hrsg.): Spielräume in der Stadt, München 1984
Zacharias, W. (Hrsg.): Zur Ökologie des Spiels, München 1985
Zacharias, W. (Hrsg.): Spielraum für Spielräume, München 1987
Zeiher, H.: Die vielen Räume der Kinder. In: Preuss-Lausitz, U. u.a. (Hrsg.): Kriegs-
  kinder, Konsumkinder, Krisenkinder: Zur Sozialisationsgeschichte seit dem
  Zweiten Weltkrieg, Weinheim 1983, S. 176ff
Zinnecker, J.: Straßensozialisation. In: Zeitschrift für Pädagogik 25 (1979), 5,
  S. 727ff

Literatur „Spielzeugbroschüren"

Alternatives Branchenbuch
ALTOP GmbH, Grimmstr. 4, 80336 München

Kommission der Europäischen Gemeinschaften:
Spielzeug – keineswegs so unschuldig wie ein Kind,
c/o Kommission der Europäischen Gemeinschaften,
Rue de la Loi, 200 B 1049 Brüssel (kostenlose Broschüre)

Vorsorge-Initiative (Aktion Sorgenkind):
Haben Sie den beschützenden Blick?
c/o Vorsorge-Initiative, Domitianstr. 35, 60439 Frankfurt/Main
(kostenlose Broschüre)

Lieselotte Pée: Sicherheit und Risiko bei Kinderspiel und Spielzeug
c/o „spiel gut" Arbeitsausschuß, Verlag Kinderspiel + Spielzeug e.V.
Heimstr. 13, 89073 Ulm

Bundeszentrale für gesundheitliche Aufklärung: Die neue Sicherheitsfibel.
Ein Ratgeber für Eltern zur Verhütung von Kinderunfällen
c/o Bundeszentrale für gesundheitliche Aufklärung, Ostmerheimer Str. 200,
51109 Köln

Verbraucher-Zentrale: Gutes Spielzeug richtig gekauft
c/o Verbraucher-Zentrale Hamburg e.V., Große Bleichen 23,
20354 Hamburg

Adressenliste „Kinderfreundliches Wohnen"

ABA – Abenteuer-, Bau- und
Aktivspielplätze e.V.
Massener Weg 65
44141 Dortmund

Bundesministerium für Familie und
Senioren
Godesberger Allee 140
53175 Bonn

Bundesministerium für Frauen und
Jugend
Kennedyallee 105-107
53175 Bonn
Tel. 0228/9300

Bundesministerium für
Raumordnung, Bauwesen und
Städtebau
Deichmanns Aue 31-37
53179 Bonn

Bundesverband Gesundes Bauen und
Wohnen e.V.
Postfach 1820
38008 Braunschweig
Tel. 0531/82840

Deutscher Kinderschutzbund
Schiffsgraben 29
30159 Hannover
Tel. 0511/329135

Deutscher Mieterbund e.V. (DMB)
Postfach 41 02 69
50862 Köln
Tel. 0221/400 830

Deutsches Kinderhilfswerk e.V.
Rungestr. 20
10179 Berlin
Tel. 030/279556-56 o. -78
Fax 030/2795634

Gesamtverband Gemeinnütziger
Wohnungsunternehmen e.V. (GGW)
Bismarckstr. 7
50672 Köln

Gesundes Wohnen
Holzhamstr. 25
83115 Neubeuern

Institut Wohnen und Umwelt
Annastr. 15
64285 Darmstadt
Tel. 06151/29040

Kinder brauchen Freunde
Geschäftsstelle im Rathaus
Postfach 1749
45675 Herten

Kinderkommission des Deutschen
Bundestages
Bundeshaus
53113 Bonn
Tel. 0208/16-2271, 16-2146

Mehr Platz für Kinder e.V.
Steinkaulstr. 21
52070 Aachen

Spielen mit Kindern e.V.
Teichstr. 18a
33615 Bielefeld

Umweltbundesamt
Bismarckplatz 1
14193 Berlin

Urbanes Wohnen
Kapuzinerstr. 35, Hinterhof
80469 München
Tel. 089/2010444

Wohnbund
Kasseler Str. 1 a
60486 Frankfurt
Tel. 069/77 60 25
Fax 069/77 30 37

Wohnen mit Kindern e.V.
Bundesverband
Renate Alt-Rosendahl
Postfach 2462
47414 Moers
Tel. 02841/26111